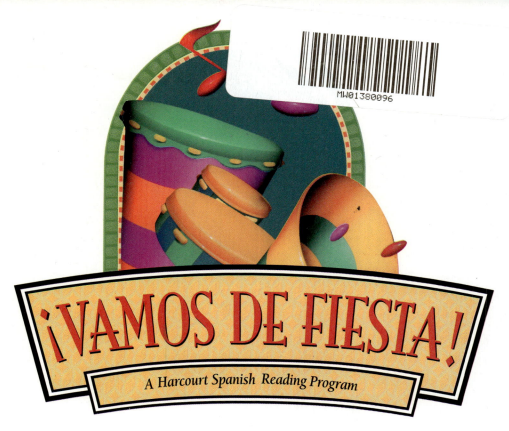

¡VAMOS DE FIESTA!

A Harcourt Spanish Reading Program

Voces melodiosas

Harcourt

Orlando Boston Dallas Chicago San Diego

Visita *The Learning Site*

www.harcourtschool.com

Photo Credits

(t) = top, (b) = bottom, (c) = center, (l) = left, (r) = right, (bkgd) = background.

Page 30, S.S. Gallery/National Baseball Hall of Fame Library; 31(l) AP/Wide World Photos; 31(r), Milo Stewart Jr./National Baseball Hall of Fame Library; 32(l & r), AP/Wide World Photos; 32(c), Milo Stewart, Jr./National Baseball Hall of Fame Library; 32-33(bat), Ken Kinzie / Harcourt; 34-35 Ken Kinzie / Harcourt; 33, New York Daily News; 34(r), Corbis/Bettmann-UPI; 34-35 Ken Kinzie / Harcourt; 34(l), Michael Groen Phography; 35(r) Corbis/Bettmann; 36, AP/Wide World Photos; 37(frame, cap), Ken Kinzie / Harcourt; 70, 73, 74, 76, Doug Dukane/Harcourt; 78(l), Gerry Ellis/ENP Images; 78(r), Daniel J. Cox/Natural Exposures; 79 & 80(t), Gerry Ellis/ENP Images; 80(b), Daniel J. Cox Natural Exposures; 81(t), John Chellman/Animals, Animals; 81(b) & 82, Gerry Ellis/ENP Images; 83(t), Daniel J. Cox/Natural Exposures; 83(b), Rob Brindamour/National Geographic Images; 84, 85 & (bkgrd), Daniel J. Cox/Natural Exposures; 110-111, The Stock Market; 111(inset), Thomas H. Brakefield/The Stock Market; 111(tr), Tim Davis/The Stock Market; 112-113(both), 114, Tom Brakefield/The Stock Market; 115, First Light/Zephyr Images; 116, Robert Winslow/Animals, Animals; 117, Daniel J. Cox/Tony Stone Images; 198-204 (all), Lawrence Migdale.

Copyright © by Harcourt, Inc.

All rights reserved. No part of this publication may be reproduced or transmitted in any form or by any me electronic or mechanical, including photocopy, recording, or any information storage and retrieval system, without permission in writing from the publisher.

Requests for permission to make copies of any part of the work should be mailed to the following address: School Permissions, Harcourt, Inc., 6277 Sea Harbor Drive, Orlando, Florida 32887-6777.

HARCOURT and the Harcourt Logo are trademarks of Harcourt, Inc.

Printed in the United States of America

ISBN 0-15-316615-0

1 2 3 4 5 6 7 8 9 10 039 2003 2002 2001 2000

CONTENIDO

El desfile de plantas de Abuelita 6
por Susan McCloskey
    Tema   Elementos narrativos 13

¡Clic! 14
por Celeste Albright

¡Qué problema me da esta nariz! 22
por Linda Lott
    Tema   Prefijos y sufijos 29

**Joe DiMaggio: Uno de los
más grandes del béisbol** 30
por Tomás Castillo

Nos sorprendió una ventisca 38
por Kaye Gager

La lección de los camellos 46
por Sharon Fear
    Tema   Hacer predicciones 53

Los tomates verdes 54
por Charlene Norman

¡Volvieron los frailecillos! 62
por Caren B. Stelson
    Tema   Causa y efecto 69

Inteligente como un zorro 70
por Celeste Albright

Un día con los orangutanes 78
por Jeannie W. Berger

Un hogar en el camino de Oregón ... 86
por Sydnie Meltzer Kleinhenz
Tema Sacar conclusiones 93

Hermanas para siempre 94
por Lee Chang

De picnic en el bosque de los robles . 102
por Carol Storment
Tema Secuencia 109

Sonidos y señales de una manada de lobos 110
por Kana Riley

Animales del desierto 118
por David Delgado

¿Quién inventó esto? 126
por Beverly A. Dietz
Tema Idea principal y detalles ... 133

El caso del extraño escultor 134
por Lisa Eisenberg

Justo lo suficiente es más que bastante 142
por Sydnie Meltzer Kleinhenz
Tema Resumir y parafrasear 149

Lobo Malo y la ley 150
por Deborah Eaton

Un plan muy inteligente 158
por María Santos

Un incendio en el bosque 166
por Caren B. Stelson

Tema **Hecho y opinión** 173

En este lugar volvieron a empezar . . 174
por Ben Farrell

Una casa, dos familias 182
por Ann W. Phillips

Tema **Perspectiva y propósito
del autor** 189

Días escolares 190
por Susan McCloskey

Cuando yo tenía ocho años 198
por Roberto Aguas, Jr

El purpúreo esplendor de la montaña . 206
por Deborah Akers

Tema **Vocabulario en contexto** . . 213

Una leyenda estadounidense 214
por Sharon Fear

Iguales pero diferentes 222
por Pam Zollman

Tema **Fuentes gráficas** 229

Los cazainsectos 230
por Robert Newell

Niños de las Fuerzas Aéreas 238
por Lisa Eisenberg

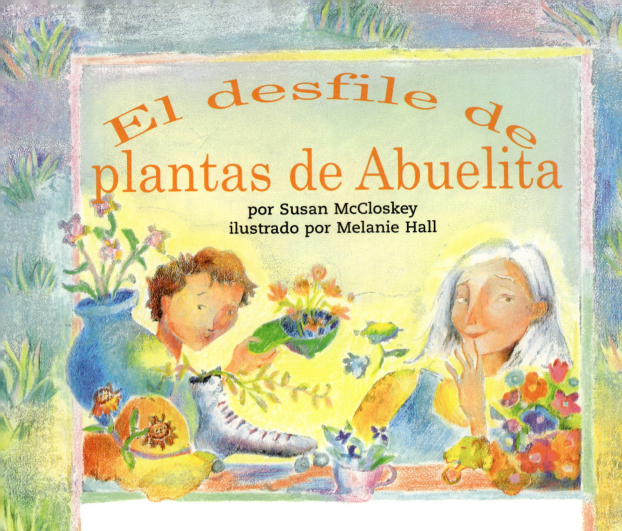

El desfile de plantas de Abuelita

por Susan McCloskey
ilustrado por Melanie Hall

Me llamo Roberto y ésta es mi abuelita. A Abuelita le encantan las plantas.

Abuelita planta en cualquier florero vacío. Planta en sombreros y gorras. Planta en moldes de pasteles y en tanques de lata. Planta en cajas y cajones.

¡Mira! ¡Está creciendo una planta en un patín que no tiene compañero!

—¡Roberto! —dice Abuelita—. Mira la estación de la esquina. ¿Ves tú lo que veo yo?
—No, Abuelita. ¿Qué ves? —le pregunto.
—¡Terreno vacío para plantar! —dice Abuelita.

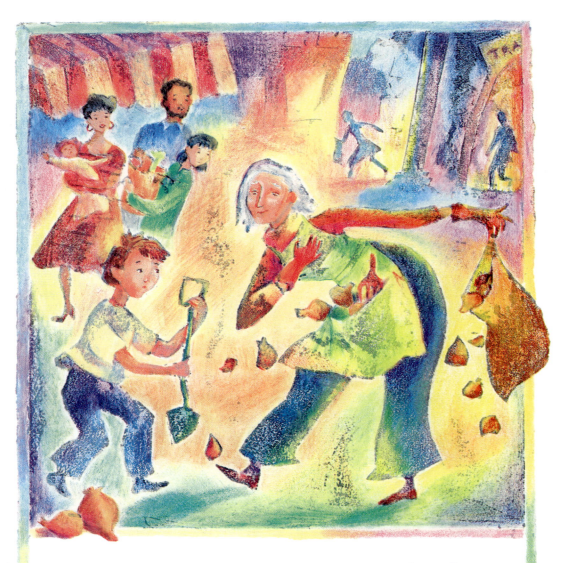

Abuelita toma una bolsa. Yo tomo la pala. Vamos a la estación de la esquina.

Abuelita tiene semillas y bulbos en la bolsa. También saca bulbos de los bolsillos.

—Ahora pásame la pala, Roberto —dice—, y muévete a un lado. ¡Tengo que plantar!

Mientras Abuelita reparte y planta semillas y bulbos, atraemos las miradas de la gente. Abuelita se da cuenta de que estoy nervioso y me palmea la espalda.

—Roberto, ¿no estás contento de que estemos embelleciendo la estación? —dice—. ¡No aguanto un paisaje vacío y sin gracia!

—Abuelita, ¡me asombras! ¿Cuándo van a brotar los bulbos? —pregunto.

—En el futuro —dice Abuelita—. ¡Entonces vamos a ver un desfile de plantas! Eso es, si aquella parvada de zanates no me comen las semillas.

¡Al fin llega el futuro!
Abuelita y yo vamos a mirar su desfile de plantas. ¡Ahora son las plantas las que atraen las miradas! Un hombre agradece a Abuelita por embellecer la esquina.
—Aquí —le dice— no estamos acostumbrados a ver tantas flores.

—¿Vas a dejar de plantar ahora, Abuelita? —pregunto.

—¿Dejar de plantar? ¡Yo no, así tenga que comprar las semillas fiadas!

Abuelita mira alrededor de la plaza.

—¡Mira! —dice—. ¡Veo tierra vacía y sólo unas pocas flores silvestres!

Ahora quiero compartir la manía de Abuelita por las plantas. ¡Sé que el futuro nos traerá un nuevo desfile de plantas!

Piénsalo

1. ¿Dónde planta Abuelita?

2. ¿Por qué te parece que Roberto está nervioso mientras Abuelita planta en la estación?

3. A un hombre de la estación le gustan las plantas de Abuelita. Le escribe para agradecerle las plantas. Escribe la carta que envia el hombre.

Prueba tu destreza

Elementos narrativos

Un cuento tiene tres partes importantes, o elementos narrativos. El **escenario** es cuándo y dónde tiene lugar un cuento. Los **personajes** son las personas del cuento. La **trama** es lo que pasa en el cuento.

El mapa del cuento que aparece más abajo muestra los elementos narrativos de "El desfile de plantas de Abuelita".

¿Qué elemento narrativo cambiaría si los amigos de Roberto ayudaran a Abuelita a plantar? ¿Qué elemento narrativo cambiaría si unos perros desenterraran los bulbos antes de que pudieran brotar?

Planea tu propio cuento. Haz un mapa del cuento para mostrar los elementos narrativos de tu cuento.

¡CLIC!

por Celeste Albright   ilustrado por Michele Noiset

A todos los niños de nuestra clase nos gusta la señorita Díaz. ¡Nos hace sonreír!

—¡Miren este broche que me dio Kim! —dice la señorita Díaz—. ¿No es chévere?

Tiene el broche en el sombrero. Es un broche de pez y el pez tiene grandes labios rosados.

—¡Sonría, señorita Díaz! —dice Mike Briggs.

La señorita Díaz sonríe.

¡CLIC!

Así es Mike. Constantemente: clic, clic, clic.

—Colecciono broches —dice la señorita Díaz—. Coleccionarlos es lo que hago durante mis momentos de ocio. Puede desilusionarme un poco, como cuando no consigo el broche que quiero. La solución es ¡perseverar ferozmente! Vean si a ustedes les gusta ser coleccionista. Y cuando puedan, traigan una colección a clase.

Mike visita a Tomás para ver qué colecciona.

—Tengo nueve sombreros —dice Tomás. Tiene puestos seis—. ¿Es una colección?

—A mí me parece una colección —dice Mike.

—Mike, ¿qué vas a coleccionar tú?, ¿motores o tambores? —pregunta Tomás.

—No te preocupes —dice Mike—. Ya vas a ver. ¡Sonríe!

Mike se va en la bici a ver a Jill.

—Soy coleccionista de estampillas —dice Jill—. Me gusta sentarme a mirar mis estampillas, especialmente las de países lejanos.

—Esa blanca con un avión es mi preferida —dice Mike.

Jill la levanta.

—¡Sonríe, Jill! —dice Mike.

¡CLIC!

Luego Mike va en la bici a casa de Linda.

—¡Yo colecciono cerdos! —dice Linda.

—¿Cerdos? —Mike parece incómodo—. ¿No apestan un poco? ¿No se enojan tus vecinos? Para no molestarlos tanto podrías coleccionar gatos. Los gatos no darían problemas.

—Mis cerdos no dan problemas a los vecinos —dice Linda mientras se ríe entre dientes. Luego invita a Mike a ver los cerdos.

Linda tiene cerdos de todos tamaños. Muchos fueron regalos. Tiene cerdos que hacen tic tac, cerdos grandes y cinco cerdos rosados.

Linda elige su preferido, un cerdo con sombrero y peluca.

—¿Qué coleccionas tú, Mike?, ¿tractores o redes? —pregunta.

Mike sonríe y dice:

—Ya vas a ver en clase. ¡Sonría, señorita Cerdita con Peluca!

¡CLIC!

—¿Qué hay ahí dentro, Mike? —preguntan los niños.

—¡Ustedes! —dice Mike—. ¡Miren!

Está Tomás con sus sombreros. Están Jill y Linda. Allí están todos los niños.

—¡Ésa es una colección fantástica! —dice la señorita Díaz—. ¡La perseverancia te ha dado una hermosa colección de sonrisas! Me gusta. Ahora, ¡sonríe tú, Mike!

¡CLIC!   ¡Y qué linda es su sonrisa!

Piénsalo

1. ¿Qué colecciona Mike? ¿Cómo las colecciona?

2. ¿Por qué crees que la señorita Díaz pide a sus estudiantes que sean coleccionistas?

3. Escribe un artículo sobre las colecciones que hicieron los niños en la clase de la señorita Díaz.

¡Qué problema me da esta nariz!

por Linda Lott   ilustrado por Russ Wilson

La clase de la señorita Jones planea la presentación de un espectáculo. Ron está contento porque van a representar su libro preferido.

En el libro, un zorro, un perro y una rana van varias veces de visita a un país tropical donde se encuentran con otros animales como lombrices y peces. Piensan tener unas vacaciones excelentes pero en un santiamén les surgen problemas molestos.

Ron espera conseguir un papel y no lo desilusionan. Recibe el papel del zorro. Su parte es la mejor porque todo lo que dice son bromas. El zorro les gusta a todos los niños. ¡La alegría de Ron es inconfundible!

Ron repite su parte una y otra vez para no vacilar ni cometer ningún error en el escenario. Su mamá y su papá vendrán al espectáculo.

Llega el día del ensayo general y la señorita Jones les da los disfraces. El de Ron es una nariz postiza.

La larga nariz luce bien pero le da problemas. No la puede mantener en equilibrio. Se le mueve para arriba y para abajo. Parece como si tuviera tres narices. Se mueve para arriba, y Ron no ve. Se mueve para abajo, y le tapa los labios. Cuando Ron dice su parte, lo único que le sale es: "Mm, mm, mm". Los niños no le pueden entender las bromas.

Ron corre a casa, balanceando la nariz de un hilo que ha amarrado a varios lápices. Cuando llega, la mamá lo mira.

—¡Qué nariz tan buena! —dice.

—No tiene nada de buena —contesta Ron.

Se pone la nariz y dice su parte. La nariz se mueve para arriba y para abajo. Mamá no puede entender nada más que "Mmm, mm, mm".

Papá sonríe y le da a Ron cinta adhesiva.

—Vas a tener que arreglarla para que no se mueva —dice.

—¡Ojalá lo pueda hacer a tiempo! —dice Ron.

En el espectáculo llega el momento en que debe aparecer el zorro. Ron entra al escenario trotando. Todos los niños sonríen.

La mamá y el papá miran la nariz con atención. ¿Qué pasará si la nariz sigue moviéndose? ¿Podrá solucionarlo Ron?

¡La nariz sí se mueve! Primero sube, así que Ron no ve. La tantea y todos los niños sonríen ansiosos. Luego la nariz baja y le tapa los labios a Ron.

—Mm, mm, mm —dice el zorro.

Los niños tienen un ataque de risa. Ron les sonríe con inseguridad. Luego, con un impulso, se pone la nariz sobre la cabeza. Ahora puede decir sus frases perfectamente bien. No comete ni un error.

La mamá y el papá aplauden y aplauden. Después van al escenario.

—¡Muy bien, Ron! —dicen—. Le encontraste muy buena solución a tu problema.

—Me gusta ese papel de zorro —dice Ron—. ¡Las bromas son todas buenas; y el problema de la nariz fue la mejor de todas las bromas!

Piénsalo

1. ¿Qué papel tiene Ron en el espectáculo? ¿Por qué le gusta ese papel?

2. ¿Por qué es la gran nariz la mejor de todas las bromas?

3. Después de la obra Ron le escribe una postal a su amigo. Le cuenta todos los problemas que le dio la nariz. Escribe la postal que envía Ron.

Prueba tu destreza

Prefijos y sufijos

Saber acerca de los prefijos y sufijos puede ayudarte a leer palabras nuevas. Un **prefijo** es una parte de palabra que se agrega al principio de una palabra. Un **sufijo** es una parte de palabra que se agrega al final de una palabra. Pueden cambiar el significado o la categoría gramatical de una palabra.

Prefijos	Sufijos
re-, sobre-	-dad, -mente, -ante

Lee estas oraciones. ¿Qué prefijo puedes encontrar en la primera oración? ¿Qué sufijo puedes encontrar en la segunda oración?

Ron está contento porque van a representar su libro preferido.

Ahora puede decir sus frases perfectamente bien.

Ahora lee estas oraciones. En cada oración encuentra la palabra con prefijo o sufijo. ¿Qué significan estas palabras?

Los niños tienen que rehacer algunos accesorios.
Trabajan rápidamente.
Ron es muy buen comediante.

Une los prefijos y sufijos con la palabra base. Escribe tu propia oración con cada palabra nueva que armes.

re- nuevo	fuerte –mente
sobre- nombre	farsa -ante

Joe DiMaggio
uno de los más grandes del béisbol

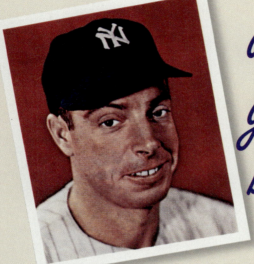

por Tomás Castillo

Joe DiMaggio, hijo de padres inmigrantes, empezó su carrera de béisbol en 1936. Llegó a los Yankees de Núeva York cuando estaba con ellos Lou Gehrig. DiMaggio tenía 21 años, y se alegraba de que el cazatalentos de un equipo tan bueno lo hubiese encontrado a él. ¡Se consideraba muy afortunado!

El entrenador de los Yankees creía en DiMaggio, pero los aficionados no estaban contentos. El hombre nuevo tenía problemas con una pierna. La gente preguntaba: "¿Puede correr alrededor de las bases? ¿Puede batear bien en el Estadio Yankee?"

Pero muy pronto DiMaggio empezó a gustarle a la gente, que ahora iba al estadio y hasta al vestuario a verlo a él. Era modesto, pero porque bateaba tan bien se estaba convirtiendo en un favorito de los aficionados de los Yankees. Por todas partes a los aficionados al béisbol les parecía que Joe DiMaggio era un hallazgo increíble, el prototipo del jugador perfecto.

En 1936 DiMaggio dio 206 batazos buenos, ¡29 de los cuales fueron jonrones! El director técnico de los Yankees se dio cuenta de que DiMaggio le era valioso al equipo y le aumentó el sueldo.

En 1937 Joe hizo entrar 167 carreras. Lo que es más, 46 de sus bateos fueron jonrones. ¡Fue el que hizo más jonrones en 1937!

Ahora los aficionados al béisbol realmente apreciaban a Joe DiMaggio. Él podía batear batazos buenos y era rápido. La gente de muchos estadios empezó a ver su espíritu deportivo.

En 1938 y 1939 DiMaggio siguió teniendo un "bate feroz". Tuvo menos jonrones, pero aumentó sus batazos. En 1939 su bateo era el mejor de todo el béisbol.

En 1940 sus batazos bajaron un poco. Los Yankees perdieron el primer puesto. El enojado director técnico de los Yankees esperaba que en 1941 su equipo volviera a ser el mejor.

Los Yankees fueron de nuevo los líderes recuperando el primer puesto, pero Joe DiMaggio superó a su equipo. El 15 de mayo de 1941, en un partido contra los Chicago White Sox, él comenzó una increíble racha de batazos buenos. Primero dio al menos un batazo en cada uno de diez partidos seguidos. Luego se extendió a veinte partidos seguidos. ¿Cuándo iba a dejar de batear Joe DiMaggio?

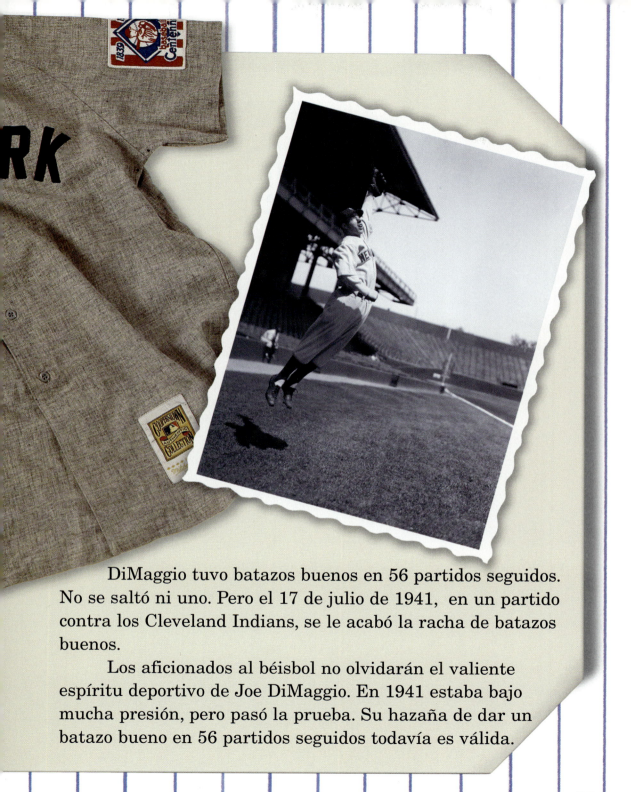

DiMaggio tuvo batazos buenos en 56 partidos seguidos. No se saltó ni uno. Pero el 17 de julio de 1941, en un partido contra los Cleveland Indians, se le acabó la racha de batazos buenos.

Los aficionados al béisbol no olvidarán el valiente espíritu deportivo de Joe DiMaggio. En 1941 estaba bajo mucha presión, pero pasó la prueba. Su hazaña de dar un batazo bueno en 56 partidos seguidos todavía es válida.

Joe DiMaggio se retiró del béisbol en 1951. Los Yankees quedaron tristes cuando se fue al igual que los aficionados al béisbol de Nueva York y de todas partes. En 1955 votaron su ingreso al Salón de la Fama de Béisbol.

DiMaggio tuvo una buena vida. Murió a los 84 años el 8 de marzo de 1999. Dio mucho al deporte que quería tanto. Los aficionados al béisbol no van a olvidar a DiMaggio. Fue uno de los más grandes.

Piénsalo

1. ¿Por qué se votó el ingreso de Joe DiMaggio al Salón de la Fama de Béisbol?

2. ¿Por qué querían los aficionados a Joe DiMaggio?

3. Imagina que estabas en la tribuna cuando Joe DiMaggio dio un batazo bueno durante su increíble racha de batazos. Cuando llegas a tu casa quieres contar acerca del partido en tu diario. Escribe en tu diario.

Nos sorprendió una ventisca

por Kaye Gager   ilustrado por Karen Pritchett

Cuando desperté supe enseguida que había un problema. No entraba nada de sol y sentí que ráfagas de viento sacudían la cabaña.

Me levanté y miré afuera. ¡Qué desastre, una ventisca! ¿Cómo podía ser? ¡Estábamos a mediados de mayo! Cuando nos acostamos era primavera. Me sentía muy disgustada.

Levanté a los niños y los ayudé a vestirse. Mamá iba de aquí para allá, preparándonos té caliente con miel. Todos, taza en mano, nos sentamos cerca de la estufa, mientras Mamá amasaba el pan para la cena.

—Niños —dijo Mamá—, ésta es una tormenta grande. Tendremos que hacer las tareas cuando pare un poco. Papá estará de vuelta esta tarde, ¡pero eso podría ser demasiado tarde!

—Mamá, ¿cómo puede ser que tengamos una ventisca? —pregunté—. Es mayo ¡y ya han brotado todas mis plantas!

—A veces sí tenemos una tormenta de primavera —dijo Mamá—. Es que ustedes todavía no han visto ninguna. Es posible que tus plantas estén bien, Bess.

Cuando la nieve paró por un rato, hicimos las tareas a las carreras. Jen y Jeff abrieron una senda hacia el gallinero. El pequeño Tim sostuvo la bolsa del alimento que conformó a las hambrientas gallinas. Mamá y yo llevamos unos leños hacia adentro, cerca de la estufa.

Y durante todo este tiempo, yo pensaba en mis plantas escondidas. Esperaba que la profunda nieve no estuviera congelando sus tallitos y hojitas recién salidos.

Muy pronto volvió la ventisca. La nieve nos lastimaba las mejillas y la nariz.

Mamá se acercó a mí casi cayéndose y me dijo:
—Bess, busca a los niños. Es hora de parar. Hicimos lo que pudimos.

Estábamos contentos de estar dentro de nuestra casa calentita. Mamá sacó su flauta y cantamos todas nuestras canciones preferidas. Por la tarde oímos unos jinetes y pronto entro a casa papá, sano y salvo.

Para cuando nos fuimos a la cama, ya había terminado la ventisca. Sólo se veía una brisa suave que agitaba la nieve.

Cuando nos levantamos todo estaba muy calmado afuera. Papá y yo hicimos las tareas mientras Mamá nos preparaba una comida caliente. La comimos cerca de la estufa mientras los niños corrían inquietos por la casa.

—¿Podemos ir afuera? Ahora no se ve feo afuera —dijo muy seria Jen.

—Sí —dijo Mamá después de mirar afuera—, pero deben dejarse puesto el gorro.

    Rápidamente nos pusimos la ropa para afuera y no nos olvidamos del gorro. ¡El pequeño Tim se veía tan gracioso con su gorro de orejas de gatito!

    ¡Afuera nos divertimos muchísimo! Caminamos hundiéndonos en la profunda nieve. Nos resbalamos y deslizamos. Arrastramos a Tim en una caja e hicimos personas de nieve. Jen y yo nos escondimos y cuando Jeff se acercó le tiramos nieve. ¡Eso le dio una excusa para atacarnos! ¡Toma! Y entonces Tim dijo:

    —¡Miren, el sol!

    Miramos. ¡Tim tenía razón!

    Para la tarde ya calentaba el sol. Nuestras personas de nieve se derritieron, pero estábamos contentos de tener de vuelta a la primavera. Había barro por todas partes, pero la brisa se olía fresca. En eso salió Mamá.

    —Las tormentas de primavera vienen y se van rápido, pero ésta fue increíble —dijo. Y luego me llamó—: Bess, ¡mira hacia abajo!

    Miré y allí, en el barro, ¡vi brotes verdes, tallos verdes y hojas verdes! Mamá tenía razón; después de todo, mi plantas no se habían congelado.

    Le di un gran abrazo a Mamá. Era mayo y pronto sería junio. ¡Deseaba de todo corazón que por ahora ya no hubiera más ventiscas!

Piénsalo

1. ¿Qué hace que la tormenta sea tan increíble?

2. ¿Por qué no habia visto Bess una tormenta de primavera antes?

3. Haz una red con palabras que diga qué le gusta y qué hace Bess, el personaje principal. Usa la red para escribir un párrafo sobre Bess.

La lección de los camellos

por Sharon Fear
ilustrado por Kung Lu

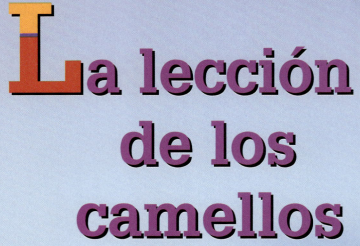

Unos hombres se preparaban para hacer un viaje en caravana. Sus camellos los oían discutir sobre el equipaje.

—Odio viajar con esos hombres —dijo un camello—. Van a discutir constantemente. No se pueden poner de acuerdo en nada. ¡Uno VA a hacer esto, y otro DEBE hacer aquello! Cuando llegamos a una gran duna de arena, unos VAN a caminar del lado este, otros DEBEN caminar del lado aquel.

Un camello alto asintió con la cabeza y dijo:

—Cuando llegémos a una cuesta empinada, unos VAN a caminar cuesta arriba por el lugar este. ¡Otros DEBEN caminar cuesta arriba por el lugar aquel!

—Por la noche —dijo un camello gordo—, algunos de ellos van a decidir que es hora de acampar. Otros van a seguir caminando por senderos que no conocen. No van a saber adónde van y se pueden caer entre unos arbustos. ¡Y van a creer que están en un bosque!

—Debemos ayudarlos —dijo el camello más pequeño—. Tenemos que hacerlos actuar unidos y ponerle fin a este problema.

Todos los camellos estuvieron de acuerdo.

Hombres y animales empezaron el viaje. Esta vez cuando llegaron a una duna, todos los camellos caminaron por un lado. Los hombres los llamaron y les rogaron, pero los animales actuaron unidos.

Cuando llegaron a una cuesta empinada, todos los camellos subieron por el mismo lugar. Los hombres les dieron tirones y los jalaron, pero los animales actuaron unidos.

Cuando cayó la noche, los animales pararon junto a unos árboles pequeños de pocas hojas. Si esto era un bosque, ¡el claro era la parte más grande! Unos hombres, como siempre, querían seguir, pero se tuvieron que conformar con el bosque. Ni un solo hombre pudo hacer caminar a su camello.

Esa noche todos compartieron las tareas. Un hombre dio de comer a los camellos, otro quiso encender la fogata, otro preparó la comida y así trabajaron todos. Por primera vez trabajaron como equipo.

Hasta muy tarde por la noche, los hombres se quedaron sentados junto a la fogata, charlando.

—Compartir las tareas sí que nos ahorró tiempo —dijo un hombre.

—Sí —afirmó un hombre alto—. Me gusta tener tiempo para sentarme y charlar así.

—Éste es el mejor viaje que hemos hecho —dijo uno de los hombres.

—¿Puede ser —preguntó el primer hombre—, que la unidad sea mejor?

—¡Sí, sí! —dijeron todos los hombres—. ¡La unidad es mucho mejor!

—¡Fuimos muy inteligentes en descubrirlo! —dijo el hombre alto.

Los hombres hablaron de viajes futuros. Esperaban su próximo viaje con anticipación.

Y así lo esperaban también los camellos, que habían tenido la bondad de enseñarles a compartir.

Piénsalo

1. ¿Cómo descubren los hombres que la unión es lo mejor?

2. ¿De qué manera hace la unión que el viaje sea bueno para los hombres y los camellos?

3. Uno de los camellos no viaja. Después del viaje ese camello pregunta cómo les fue. Escribe lo que le cuentan los otros camellos.

Prueba tu destreza

Predecir resultados

Mientras leías este cuento, ¿pensaste en lo que iba a pasar durante el viaje? Si lo hiciste, predijiste los resultados.

Para hacer una predicción piensas en lo que leíste en el cuento. Piensas en lo que ya sabes. Luego unes esas cosas para predecir lo que va a pasar.

Hacer predicciones te puede ayudar a ser un lector más activo. Esta red muestra cómo puedes hacer una predicción mientras lees "La lección de los camellos".

Lo que leí
Los camellos quieren hacer que los hombres actúen unidos.

Lo que sé
Los camellos son tercos. Por lo general se salen con la suya.

Predicción
Los camellos van a hacer algo para que los hombres actúen unidos.

Lee otra vez la última página de "La lección de los camellos". Piensa en lo que lees allí y en lo que sabes. Dibuja una red para mostrar tus predicciones sobre el próximo viaje que van a hacer los hombres y sus camellos.

53

Los tomates verdes

por Charlene Norman
ilustrado por Liz Conrad

Martín paró la bici con un patinazo y levantó una nube de polvo.

—Aquí tienes la lista de mi mamá —le dijo a Nicolás el propietario del puesto de hortalizas—. ¿Puedo alimentar a las carpas de tu laguna?

Nicolás sonrió mientras llenaba una bolsa con tomates, zanahorias y habichuelas.

—Ahora puedes ir a alimentar a las carpas—le dijo.

Martín corrió hacia el fondo diciendo—¡Tienes una huerta fantástica!

Carla y Lili tomaron lo que necesitaban del puesto de Nicolás.

—Vamos a hacer encurtidos —dijo Carla.

— A mí me gustan los encurtidos —dijo Nicolás—, si son un poquito dulces.

—A mí me gustan las ranas —dijo Lili—. Son verdes.

—Tenemos ranas en la laguna. Si quieren, pasen a verlas —dijo Nicolás—. Y ¡cuidado con extraviarse!

La señorita Marlena le dio a Nicolás unos billetes por unos tomates.

—¿Me puedo sentar un rato en el banco de tu huerta? —preguntó—. Me gusta oler los dulces aromas de allí.

Nicolás sonrió y asintió. Ésta era la temporada de las visitas a su huerta.

Por la tarde Nicolás decidió que era hora de trasladarse a la huerta a hacer algunas de sus tareas preferidas. Tomó medidas para la próxima parte del mural de la huerta. Alimentó a las carpas de la laguna. Podó la lavanda y las trompetas trepadoras que crecían junto al banco del rincón. Le quitó las malezas al cantero de las habichuelas.

De repente paró y gritó—¿Quién me robó los tomates de las plantas? Todavía estaban pequeños y verdes; ¡eran para mi próxima gran cosecha!

¿Los cortó uno de los vecinos? Luego Nicolás alcanzó a vislumbrar una senda de pétalos de lavanda que salían del jardín. Decidió seguirlos.

Los pétalos llevaron a Nicolás hasta el patio de Carla y Lili. Carla estaba sentada en los escalones leyendo. Lili balanceaba un bate de plástico.

—¡Ayúdenme! —gritó—. Los tomates verdes desaparecieron de mi cantero de tomates. ¿Los han visto ustedes?

—Yo no los he visto —dijo Carla—, pero te ayudo a buscarlos.

Buscaron en el carrito de Lili y en su cajón de arena, pero allí no había tomates.

Luego Carla vio que Lili golpeaba una pelota verde.

—Lili tiene muchas pelotitas de plástico, pero, ¡ninguna verde! —dijo.

Carla y Nicolás corrieron hacia Lili. De la caja de Lili sacaron tomatitos verdes.

—¡Mías! —gritó Lili—. ¡Me gustan más las verdes!

Nicolás levantó un tomate.

—No puedo vender éste. Está muy verde. No sirve para nada —dijo casi llorando.

Carla miró para abajo. Sentía vergüenza.

—No vi cuando Lili cortó tus tomates —dijo—. Te los voy a pagar.

—No —dijo Nicolás—. No puedo cobrar dinero por tomates verdes.

Después de una semana Carla y Lili llegaron sonriendo al puesto de Nicolás. Dieron a Nicolás un frasco de tomates verdes encurtidos.

Nicolás mordió uno.

—Esto sí vale algo. ¡Es algo especial! —dijo, conmovido, y le sonrió a Carla—. ¡Sé que los puedo vender!

Luego Nicolás palmeó a Lili en la espalda.

—El año que viene me vas a ayudar a juntar más tomates verdes para encurtirlos. Pero, ¡no todos!

Piénsalo

1. ¿Por qué dan Carla y Lili a Nicolás un frasco de tomates verdes encurtidos?

2. ¿Por qué el año que viene no van Nicolás y Lili a usar *todos* los tomates verdes para encurtirlos?

3. El año que viene Nicolás hará un cartel para decir a los vecinos que es la temporada de la cosecha. Haz un cartel que podría usar Nicolás.

¡VOLVIERON LOS frailecillos!

por Caren B. Stelson
ilustrado por Paul Mirocha

La primavera ha vuelto a Egg Rock, pero, ¿volverán también los frailecillos? Un hombre llamado Steve Kress observa y espera. Por mucho tiempo ningún frailecillo había anidado en estas solitarias rocas. Luego Kress empezó un plan para hacerlos volver. Espera que su plan para los frailecillos resulte.

Los frailecillos anidaban en Egg Rock más de 100 años atrás, en los años de sus antepasados. Kress quería volver a verlos allí. En 1973 él y su equipo fueron a un lugar que tiene muchos frailecillos. Recogieron sus pichones con mucho cuidado y luego los llevaron rápidamente a Egg Rock.

Steve Kress y su equipo cuidaron a los pichones como padres. Hicieron un pueblito de madrigueras y allí pusieron los nidos de los frailecillos. Los alimentaron con pescado fresco y los protegieron de los peligros, como el de las gaviotas. ¡Kress y su equipo fueron buenos padres frailecillos!

Una noche los frailecillos salieron de su pueblito de madrigueras. Les había llegado la hora de aventurarse a entrar al mar. Cada uno hizo un vuelo tembloroso, se zambulló y se fue por la oscura noche.

¿Volverían los frailecillos a producir pichones y a cuidarlos? Kress esperaba que dentro de dos o tres años hicieran esto instintivamente.

En el mar hay muchos peligros para los frailecillos. Se los puede comer una gaviota. Los pueden atrapar las redes de pesca, donde, acorralados, pueden morir. Y los pueden lastimar las olas grandes.

Pero los frailecillos están preparados para la vida de mar. Saben sumergirse bien profundo y nadar rápido. Usan las alas para nadar y las palmeadas patas para darse dirección. Con el afilado pico atrapan peces. Kress esperaba que por lo menos algunos de sus frailecillos pudiesen volver a Egg Rock.

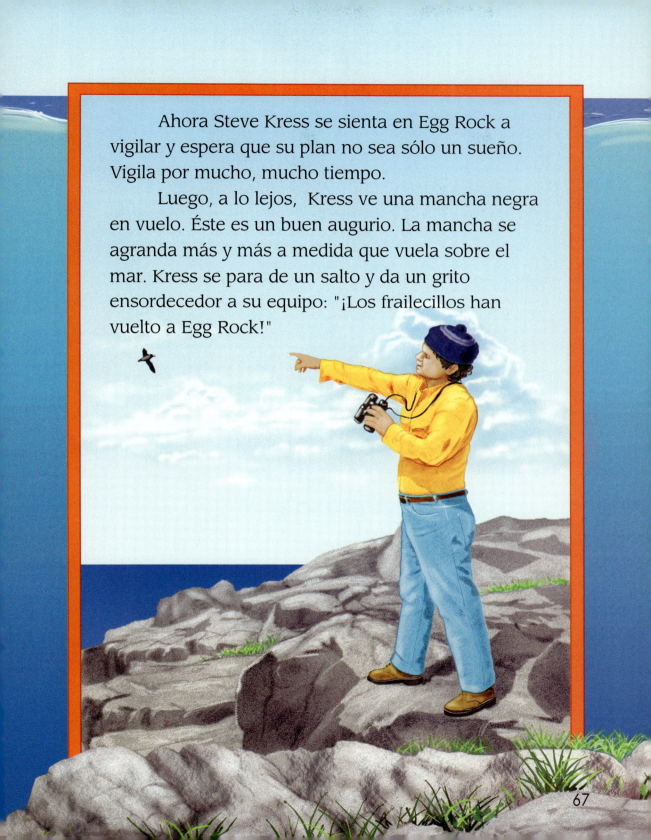

Ahora Steve Kress se sienta en Egg Rock a vigilar y espera que su plan no sea sólo un sueño. Vigila por mucho, mucho tiempo.

Luego, a lo lejos, Kress ve una mancha negra en vuelo. Éste es un buen augurio. La mancha se agranda más y más a medida que vuela sobre el mar. Kress se para de un salto y da un grito ensordecedor a su equipo: "¡Los frailecillos han vuelto a Egg Rock!"

Piénsalo

1. ¿Cómo ayudaron Steve Kress y su equipo a los pichones de frailecillo a vivir en Egg Rock?

2. ¿Por qué regresaron a Egg Rock los frailecillos adultos?

3. ¿Qué más quieres saber sobre los frailecillos? Escribe tres preguntas que quisieras hacerle a Steve Kress.

Prueba tu destreza

Causa y efecto

Los frailecillos volvieron a Egg Rock gracias al trabajo de Steve Kress. Pensar en por qué pasan las cosas te puede ayudar a entender lo que lees. Por qué sucede algo es la **causa**. Lo que sucede es el **efecto**.

Este cuadro muestra una causa y un efecto de "¡Volvieron los frailecillos!".

Causa	Efecto
Kress y su equipo protegieron a los pichones de frailecillo.	Los pichones de frailecillo crecieron grandes y fuertes.

A veces un efecto tiene varias causas. A veces una causa tiene varios efectos.

Mira esta ilustración. Para encontrar un efecto, pregúntate: "¿Qué está sucediendo?" Para encontrar una causa, pregúntate: "¿Por qué está sucediendo?" Escribe tus ideas.

Inteligentes como un zorro

por Celeste Albright
ilustrado por Alexi Natchev

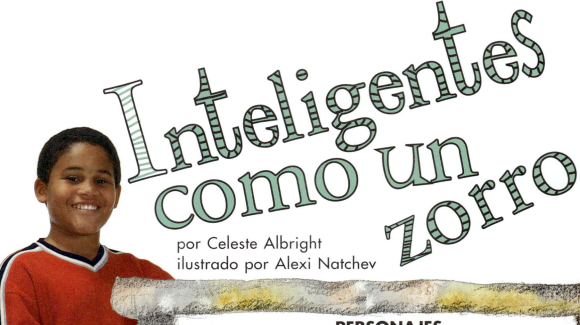

PERSONAJES

Narrador
Sr. Gray, un granjero
Sra. Gray

Abigail, una gata
Duke, un perro
Sidney, un zorro

ESCENARIO: la granja de los Gray

NARRADOR: ¡Buenas, vecinos! Llegan justo a tiempo para ver la obra del siglo. Les va a gustar, ¡se lo prometo! Yo soy el narrador. Eso quiere decir que me quedo aquí, fuera del escenario y explico, explico, explico lo que pasa en la obra renglón por renglón. (Se encoge de hombros.) Bueno, por lo menos me puedo sentar de vez en cuando.

DUKE: ¡Grrrrrrrr!

NARRADOR: ¡Bueno, bueno! Entiendo. ¡Empecemos la obra!

SR. GRAY: Mira a este perro glotón. ¿Cómo puede hacer su trabajo? Se agota con sólo mover la cola. Es obvio que está perdiendo peso. No puede estar sano.

SRA. GRAY: Esto es serio. Necesitamos un perro fuerte, uno que pueda pueda hacer los quehaceres de un perro de granja.

SR. GRAY: De verdad es serio. Tal vez la alternativa sea conseguirnos un perro nuevo.

SRA. GRAY: Sabes, también se ve enferma la gata. Antes era infatigable como un acróbata. ¡Ahora mira qué débil y frágil está! También ha perdido peso y hace días que no caza ni una rata.

ABIGAIL (*a Duke*): Es una conspiración. ¡Quieren deshacerse de nosotros!

DUKE (*se queja*): ¡Nnnn-nnn-nnn!

ABIGAIL: ¡Chsss! ¡Deja de quejarte! Eso los va a alentar.

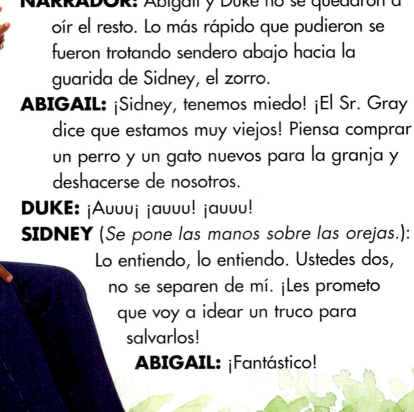

NARRADOR: Abigail y Duke no se quedaron a oír el resto. Lo más rápido que pudieron se fueron trotando sendero abajo hacia la guarida de Sidney, el zorro.

ABIGAIL: ¡Sidney, tenemos miedo! ¡El Sr. Gray dice que estamos muy viejos! Piensa comprar un perro y un gato nuevos para la granja y deshacerse de nosotros.

DUKE: ¡Auuu¡ ¡auuu! ¡auuu!

SIDNEY (*Se pone las manos sobre las orejas.*): Lo entiendo, lo entiendo. Ustedes dos, no se separen de mí. ¡Les prometo que voy a idear un truco para salvarlos!

ABIGAIL: ¡Fantástico!

NARRADOR: ¿Saben ustedes mucho sobre los zorros? Bueno, los zorros son astutos. Nunca hacen nada gratis. Veamos qué tiene que decir Sidney.

SIDNEY: Tengo un plan estupendo, ¡no puede fallar! (*Se frota el mentón.*) Voy a arreglar todo para ayudarlos a ustedes y además, me va a conseguir a mí un poco de alimento adicional. ¿Qué les parece?

NARRADOR: ¿Ven? ¿Qué les dije?

NARRADOR: Los tres animales volvieron a la granja. Cerca del corral, Sidney cazó tres ratas grandes.

SIDNEY: Abigail, súbete a la baranda y descorre el pasador del cobertizo de las gallinas. Voy a poner las ratas cerca del grano.

DUKE (*Dándole a Sidney golpecitos en el hombro.*): ¡Pfff, pfff!

SIDNEY: Está bien, Duke. Puedes ayudar. Espera hasta que me vaya corriendo, y luego ladra y aúlla. ¡Arma un gran escándalo!

NARRADOR: Ese zorro asaltó el cobertizo de las gallinas. ¡Se llevó todos los huevos!
DUKE: ¡Guau, guau! ¡Guau! ¡Guau, guau!
SR. GRAY *(Entra corriendo.):* ¿Qué pasa? ¡Vaya, vaya! ¡No puedo creer lo que ven mis ojos! ¡El viejo Duke impidió que un zorro se nos robara las gallinas! ¡Que se quede con nosotros!
SRA. GRAY: También se puede quedar Abigail, ¡atrapó tres ratas! ¡Nuestro perro y nuestra gata son inteligentes!
NARRADOR: ¡Sí! Son inteligentes. Pero, ¡no tan inteligentes como ese zorro!

Piénsalo

1. ¿Por qué piensan el señor y la señora Gray que Duke y Abigail son inteligentes?

2. ¿Quién es el más inteligente de la obra? ¿Por qué crees esto?

3. Sidney le cuenta a un amigo cómo ayudó a Abigail y a Duke. Escribe lo que cuenta.

Un día con los ORANGUTANES

por Jeannie W. Berger

Estás solo en la selva tropical de Borneo, lejos de cualquier camino. La selva es espesa, verde y está llena de enredaderas. Los insectos te zumban en los oídos, mientras tú continúas buscando, buscando. Luego oyes que se sacude un árbol y te paras en seco. Cuando miras hacia arriba, algo te mira a ti. ¿Es lo que crees? Sí, ¡tienes suerte! Encontraste lo que buscabas.

¡Es un orangután bebé, miembro de la familia de los póngidos! Los orangutanes bebé están en peligro de desaparecer. A unos los sacan de la selva a escondidas para venderlos como mascotas. Otros quedan huérfanos cuando la gente atrapa y vende a su mamá. ¡Ni siquiera les da lástima! Todos los orangutanes están en peligro cuando se talan los árboles. Por lo menos este orangután bebé no es uno de los huérfanos de la selva tropical que acabará en un orfelinato.

Vuelves a oír que se sacuden los árboles y ves acercarse a la mamá. Estaba escondida arriba del árbol. Al igual que los niños humanos, los orangutanes bebé se quedan cerca de la mamá. Por unos ocho años dependen de los tiernos cuidados y la enseñanza de la mamá.

No animes al orangután bebé a que se acerque. Sabemos que a los orangutanes no les gusta que los molesten. El bebé que ves parece estar contento. Cuando un orangután bebé está celoso, demuestra su desagrado con gestos faciales. Cuando está muy molesto, le puede dar un berrinche igual que a un bebé humano. ¡Hasta las mamás de los orangutanes tienen que lidiar con la mala conducta!

Si puedes, fíjate bien en las manos y los pies del orangután. Son perfectos para sujetar las ramas de árbol. El orangután bebé debe aprender a saltar de rama en rama. Esta clase de juego los ayuda a desarrollar una buena coordinación. De ella van a depender para vivir a salvo en la copa de los árboles y sobrevivir en la selva.

La mamá del orangután le enseña a su bebé destrezas que va a necesitar cuando sea adulto. Cada noche le muestra cómo hacer un nido en un árbol. Por último hace el nido con sitio suficiente para que ambos puedan dormir. Con el tiempo su bebé tratará de hacer su propio nido. Por ahora este bebé está contento de poder dormir con su mamá.

El día está pasando y es hora de volver a tu campamento. Tienes mucho en que pensar después de ver a los orangutanes andando libres por la selva. Ahora entiendes por qué algunas personas quieren salvar la selva tropical de Borneo. Es una expresión de su cariño por los orangutanes que tienen su hogar allí.

Piénsalo

1. ¿Cómo es la vida de un orangután bebé?

2. Esta selección está escrita como si el lector estuviera en la selva tropical. ¿Por qué crees que la autora la escribió así?

3. Imagina que has ido a Borneo a ver a los orangutanes. Escribe a un amigo contándole lo que piensas, haces y sientes.

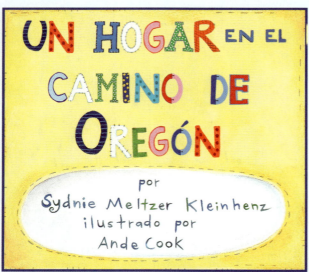

Un hogar en el camino de Oregón

por Sydnie Meltzer Kleinhenz
ilustrado por Ande Cook

Katia se sentía sola mientras le quitaba terrones de tepe a su caracola rosada. Extrañaba el mar de donde venía y su antigua casa en Baltimore. Le habían encantado las visitas de los vecinos en el portal de su casa. No estaba acostumbrada a la soledad.

Ahora ya casi sentía que su vivienda de tepe era su hogar. Las colchas que Katia y la mamá habían colgado sobre el tepe daban color a las pardas paredes. Afuera, las ondulantes olas del pastizal casi se le parecían a las salpicantes olas de Baltimore.

Julio entró corriendo. —Katia —dijo—, traje más leñitas para el fuego. También traje otra cosa: un viajero que necesita una buena comida.

—Todos los viajeros del Camino de Oregón son bienvenidos —dijo Katia sonriendo—. ¡Adelante! Hace mucho que no nos visita nadie. Nos gusta crear un ambiente de amistad.

—Gracias —dijo el hombre—. Me llamo Patricio Rivera. Saco fotografías. No se veía muy viejo. "En verdad, tendrá unos veinte años", calculó Katia.

La mamá y el papá de Katia volvieron de los prados. Estaban muy contentos de conocer a Patricio.

Durante la cena, Patricio le contó a la familia muchos cuentos de sus viajes por el Camino de Oregón. Luego los invitó afuera a posar para un retrato. Madre e hija llevaban su mejor sombrero adornado con diminutas flores. ¡Katia también llevaba una gran sonrisa para Patricio!

Cuando volvieron a entrar, miraron las fotos de Patricio. Los paisajes eran espléndidos, especialmente uno de cascadas con forma de herradura y otro de pájaros en un espeso cañaveral.

Un susurro los distrajo. Levantaron la vista y vieron que una serpiente real se deslizaba por el tepe, por encima de una de las colchas. Patricio la tiró afuera.

Cuando volvió, se veía asustado.

—Amigos, ese resplandor de afuera no es la puesta del sol. ¡Es un incendio en los pastizales!

Los dos hombres se apresuraron a parar las llamas. Julio llevó la mula y la cabra al granero de tepe. Madre e hija corrieron a hacer entrar las gallinas y a recoger los pollitos.

Luego todos se reunieron en la casa de tepe. Una pared de fuego rugió a través de la barrera contra el viento y chamuscó el potrero. Después de que el fuego se fue ardiendo más allá de la vivienda de tepe, salieron a dar un vistazo.

El mar de pasto ya no ondeaba. Todo era una gran negrura humeante.

—¡Qué suerte que todos estamos bien! ¡Lo más importante es la salud!—exclamó la mamá de Katia.

—Al menos todavía hay tiempo para volver a sembrar —dijo el papá—. Todavía podremos tener una cosecha.

—Lo voy a ayudar en el campo antes de seguir viaje —dijo Patricio. El papá de Katia dio un apretón de manos a Patricio.

—Gracias —dijo—. ¿Y volverás en el otoño para compartir nuestra cosecha?

—Por supuesto —dijo Patricio, sonriéndole a Katia—. Tengo que traerles el retrato.

Katia devolvió la sonrisa a Patricio. Pensaba que ya no estaría sola en las llanuras. No había sido un día perfecto, pero sí había sido una visita perfecta. Se sentía tan feliz que le parecía estar en el paraíso.

Piénsalo

1. ¿Por qué va Patricio a la casa de Katia?

2. ¿Por qué estaba contenta de recibir visita la familia?

3. Escribe una lista de palabras que describan a Katia al principio. Escribe otra lista de palabras que describan a Katia al final. Luego usa las listas para escribir un párrafo sobre Katia. Cuenta cómo y por qué cambia.

Prueba tu destreza

Sacar conclusiones

En "Un hogar en el Camino de Oregón" la autora escribe que los padres de Katia volvieron de los prados. El autor no cuenta por qué estaban en los prados. A veces el autor no explica las cosas de manera directa. Tienes que usar lo que ya sabes para entender lo que el autor quiere decir. A esto le llamamos **sacar conclusiones**.

La tabla siguiente muestra cómo puedes sacar una conclusión sobre por qué los padres de Katia estaban en los prados.

Lo que leíste	Lo que ya sabes
La mamá y el papá de Katia volvieron de los prados.	Los pioneros producían sus propios cultivos; los cultivos crecen en los prados.

Conclusión
La mamá y el papá de Katia trabajaban en los prados, ocupándose de los cultivos.

Ahora lee esta oración del cuento.

Katia llevaba una gran sonrisa para Patricio.

Piensa en las palabras del cuento. Piensa en tu experiencia personal. ¿Qué conclusión puedes sacar acerca de los sentimientos de Katia?

Escribe sobre una vez que te sentiste alegre o triste, pero no digas cuáles eran tus sentimientos. Da detalles sobre lo que dijiste e hiciste y deja que tus lectores saquen conclusiones sobre cómo te sentías.

Hermanas para siempre

Por Ann Chang • ilustrado por Tammy Smith

Anita miró a su alrededor un poco triste. Había trabajado mucho para que su cama y su repisa estuvieran limpias y ordenadas, pero seguía preocupada. Nunca antes había tenido que compartir nada con nadie.

—Tu hermanastra nueva será tu hermana para siempre —dijo la mamá—. Te va a gustar compartir con ella cuando venga de visita todos los veranos.

¡Todos los veranos! —se dijo Anita enojada—. "¡Eso sí que será un placer! ¡Cuánto voy a disfrutar!"

Durante todo el viaje al aeropuerto para ir a buscar a Lupe, Anita trató de no pensar en la situación. Apenas se estaba acostumbrando a tener padrastro y ahora tenía que acostumbrarse también a tener hermanastra.

Cuando Lupe bajó del avión, Anita le dio una débil sonrisa. Lupe llevaba un moño en su rizado cabello largo. Anita mantenía su pelo corto para hacer deporte. Lupe parecía ser una niña con intereses muy diferentes a los de ella. ¿Cómo iban a poder llevarse bien?

Anita tampoco sintió mayores esperanzas cuando su hermanastra sacó las cosas de sus maletas. Primero Lupe puso un gato de peluche junto al guante de béisbol de Anita. Luego desordenó la impecable repisa, donde desparramó sus libros y el resto de sus cosas.

El temperamento de Anita cambió. Ya no estaba contenta. Sentía que Lupe la molestaba. Anita no quería ser mala, pero no podía evitar sentir coraje.

Lupe no parecía estar más contenta que Anita con esta situación. Durante la cena las niñas empezaron a discutir. Ambas parecían enojadas y tristes.

El padrastro de Anita trató de animarlas.

—Este verano va a ser muy divertido —dijo—. Me encanta tener juntas a mis dos niñas. No me sorprendería descubrir que a las dos les gustan algunos de los mismos pasatiempos.

Las niñas sólo fruncieron el ceño y miraron hacia el plato. Tenían que ser hermanas para siempre, pero eso no tenía que gustarles.

A la mañana siguiente Anita se levantó temprano mientras Lupe todavía dormía. Miró con enojo a Lupe y sus pertenencias y salió en la penumbra, sin hacer ruido. Seguro que sus padres querían que llevase a Lupe a conocer a sus amigos. Pero Anita tenía planes muy diferentes. Comió rápidamente y se fue, ignorando a Lupe.

Anita jugó al fútbol con sus amigos toda la mañana . A la hora del almuerzo volvió a casa sintiéndose arrepentida. Escaparse de Lupe había sido una maldad. Ahora la mamá tal vez le daría la orden inquebrantable de quedarse en casa durante toda la tarde para jugar con Lupe y sus juguetes de peluche.

Cuando Anita llegó al jardín, se sorprendió al ver a Lupe pateando una pelota de fútbol.

—No sabía que te gustara el deporte —dijo Anita—. Trajiste tantos libros que me pareció que sólo te gustaba leer.

—Sí me gusta leer —dijo Lupe—, pero también me gustan otras cosas. En casa hago deporte todos los días.

—A mí me gusta el deporte —dijo Anita—, y también me gusta leer. En la escuela ayudo con la lectura a los niñitos pequeños de primer grado.

— Si quieres, puedes leer mis libros —dijo Lupe—. ¿Te gustan los juegos de mesa?

—Sí, claro —dijo Anita—. Parece que tu papá tenía razón. Es verdad que tenemos pasatiempos que nos gustan a las dos.

—Tal vez los padres pueden tener razón de vez en cuando —dijo Lupe y se rieron las dos.

Por primera vez las niñas se sonrieron realmente una a otra. La situación no era tan mala después de todo. Empezaba a parecer que ser hermanas para siempre podría convertirse en un verdadero placer.

Piénsalo

1. ¿Por qué tiene Anita que compartir con Lupe?

2. ¿Por qué cree Anita que a Lupe no le gusta el deporte?

3. Piensa en Anita y Lupe. Escribe un párrafo contando en qué se parecen las dos niñas. Escribe otro párrafo contando en qué se diferencian.

DE PICNIC EN EL BOSQUE DE LOS ROBLES

POR CAROL STORMENT
ILUSTRADO POR JOHN PATRICK

Se había corrido la voz y antes del mediodía la noticia ya estaba por todo el campo cercano. Todos se habían pasado el verano esperando ese día.

Rubén, una ardilla, oyó la noticia primero. Salió corriendo de su madriguera a ver a su vecino, una rata del bosque llamada Bo. Bo había conocido a muchas otras ratas del bosque. Ahora todas estaban explorando un revoltijo de pasto y tréboles, buscando algo que comer.

—¿A que no sabes una cosa? —lo llamó Rubén—. ¡Las bellotas están listas! Es hora de ir al bosque de los robles.

Bo lo miró.

—¿Cómo lo sabes? —preguntó—. Hace tanto calor que no quisiera ir hasta allí por nada.

—Esta mañana oí hablar a los saltamontes —dijo Rubén.

—¡Quieres decir que estuviste escuchando a escondidas! —dijo Bo riéndose—. ¿Por qué le crees a esos insectos? ¿Qué saben ellos sobre las bellotas?

—Tienen un talento especial para encontrar cosas para comer —dijo Rubén—. Sabes que por acá ya no hay nada que comer.

—Está bien —dijo Bo—. Vamos antes de que se coman todas las bellotas.

Desde arriba David, el arrendajo, oyó el alboroto de la rata de los bosques y la ardilla. Volvió al nido volando rápido.

—¡Hala! ¡Es día de picnic en el bosque de los robles! —le gritó a María, que disfrutaba una tranquila siesta—. ¡Despierta antes de que nos quiten todas nuestras reservas para el invierno!

María lo miró medio dormida.

—Hace mucho calor para ir de exploración hoy —le dijo, y se negó a moverse.

Esto hizo que David se agitara y batiera las alas por todo el nido. Esas payasadas María las conocía muy bien. David era un pájaro que se inquietaba con facilidad.

—¿Quieres dejar que esas ratas del bosque y esas ardillas lleguen primero?

El chillido de David no fue nada musical, ya que cantar no era uno de sus talentos.

Sus palabras, por otra parte, fueron suficientes para levantar a María. Los dos arrendajos se alejaron volando, siempre atentos a los búhos.

Fue imposible que los búhos no oyeran tal bulla. Pero para el almuerzo tenían pensado algo mejor que dos arrendajos flacos. ¡Sabían que en el picnic habría un menú completo de animales! Siguieron a María y David a través de los conocidos campos.

Iris, la cierva, y Amelita, su bebé, estaban pastando en un claro vacío, cerca de un riachuelo. La pequeña Amelita, deseando poder volar, miró con ansia a la musical bandada de aves que planeaban en el aire.

—¡Ojalá tuviéramos alas, Mami! —dijo con tristeza—. Así tal vez encontraríamos tiernas hojas verdes para comer.

La madre le sonrió con comprensión y dijo:

—Sé que tienes hambre, Amelita. Estamos a fines del verano, así que es lógico que todo esté seco. Cuando sea el día del picnic, tendremos…

—Ya lo sé, ya lo sé —dijo Amelita —. En cuanto las bellotas empiecen a caer de los robles, podemos ir a comer todas las que queramos.

—Las bellotas son una golosina — Iris le dijo a Amelita —, pero son mucho más que eso. Al final de la estación seca nos ayudan a todos a engordar para el invierno. Todos los de por acá usarán algo de los robles. Algunos guardarán y esconderán las bellotas para el futuro y otros comerán las hojas. Otros se harán el hogar con las ramitas. Sin los robles, muchos de nosotros no podríamos sobrevivir el invierno.

Amelita vio que pasaban corriendo pájaros, ardillas y ratas de los bosques.

—¡Mami, mira! ¡Me parece que está ocurriendo ahora mismo!

Y así era, pues el día de picnic en el bosque de los robles estaba en todo su esplendor. Los insectos masticaban hojas. Las ardillas y los arrendajos discutían por un montón de bellotas maduras. Todos comían y comían, pero siempre atentos a los búhos.

Finalmente los búhos tuvieron que abandonar la idea de almorzar. No estaban acostumbrados a estar despiertos durante el día y les dio mucho sueño. Cuando los búhos se fueron a dormir una siesta, todos los demás se tranquilizaron. El día de picnic terminó con muchos zumbidos, tarareos y ronquidos a la sombra de los robles.

Piénsalo

1. ¿Qué es el día de picnic en el bosque de los robles? ¿En qué época del año pasa?

2. ¿Por qué es tan importante para los animales el día de picnic?

3. Dos niños, sentados silenciosos detrás de un arbusto, miran a los animales del picnic. ¿Qué ven? ¿Qué piensan del picnic? Escribe tus ideas.

Prueba tu destreza

Secuencia

La mayoría de los cuentos narran los sucesos en orden cronológico o **secuencia**. Las palabras que indican el orden cronológico te ayudan a seguir la secuencia de los sucesos del cuento. Estas son algunas de las palabras que indican el orden cronológico:

primero luego entonces finalmente antes después

Piensa en cómo prestar atención a la secuencia puede ayudarte a entender un cuento. Esta tabla muestra la secuencia de unos sucesos de "De picnic en el bosque de los robles".

Rubén es el primero que oye del picnic.

↓

Rubén le cuenta del picnic en el bosque de los robles a Bo.

↓

David los oye hablar y le cuenta del picnic a María.

Piensa en los otros sucesos de "De picnic en el bosque de los robles". ¿Qué pasa luego? ¿Qué pasa después de eso? ¿Qué es lo que pasa último?

Elige un cuento que has leído. Piensa en la secuencia de los sucesos de ese cuento. Haz una tabla como la de arriba para mostrar los sucesos más importantes del cuento en orden cronológico.

Sonidos y señales de una manada de lobos

por Kana Riley

En la tundra aúlla un lobo. Luego llega otro aullido, y otro más a través de la ártica región. Cada lobo hace su propio sonido. Unida, la manada es como un grupo musical, en que cada cantante entona una nota diferente.

Los lobos, animales depredadores, viven en grupos familiares llamados manadas. El aullido es una de las maneras en que los miembros de la manada se hablan el uno al otro.

Los lobos tienen mucho que decir. A veces aúllan alto para reunir a la manada. Otras veces los aullidos dicen "aléjense" a los intrusos, o lobos que no son parte de la familia.

Los momentos importantes requieren aullidos. Si un miembro de la manada se hiere, aúlla pidiendo ayuda. Si el lobo herido se muere, todos los otros lobos aúllan con tristeza. Cuando nacen cachorros, los miembros de la manada aúllan de alegría.

En la sociedad de los lobos los aullidos no son la única manera de hablar. Un lobo enojado gruñe. Los otros lobos entienden el mensaje y saben que deben mantenerse alejados.

Si un lobo se siente amistoso, puede chillar como un ratón. Los lobos también chillan cuando se hacen amigos de otros lobos. Una loba mamá chilla cuando les habla a sus cachorros.

Al igual que los perros, parientes suyos, los lobos también ladran. Ese sonido indica excitación, tal vez porque han podido olfatear un rastro nuevo.

Cada manada de lobos tiene dos líderes, el macho alfa y la hembra alfa. Los animales alfa tienen maneras de indicarles a los demás que ellos son los jefes.

A veces usan la cola. Una cola levantada indica que el lobo alfa está orgulloso de ser el líder. Cuando otro lobo se encuentra con el lobo alfa, mantiene su cola baja para mostrarle que está dispuesto a ceder su poder al líder y que no le pone ningún obstáculo.

Los alfa también usan otras señales para mostrar quién es el líder. Un alfa puede mirar fijamente a otro lobo o apoyarle una pata en el lomo hasta que se echa rendido. Cuando pasa esto, las orejas del alfa estarán echadas hacia delante mientras que las del otro lobo estarán echadas hacia atrás.

Para ser líderes fuertes, los lobos alfa deben contar con la cooperación de la manada. La mayoría de las veces, usando estos métodos no violentos, se la ganan sin lucha.

Los lobos tienen muchísimas maneras de mostrar su cooperación. ¿Acaso un miembro de la manada le está lamiendo el hocico a un lobo alfa? ¿Tiene un lobo dentro de su boca el hocico de otro lobo? ¿Está moviendo la cola? También todos éstos son mensajes. Son maneras en que un miembro de la manada le dice a otro que son amigos.

Cuando los cachorros se convierten en parte de la manada, deben practicar las destrezas que necesitarán en el futuro. Aprenden la lengua lobo, una destreza muy importante. Saltan de un lugar a otro moviendo la cola. Luego su nariz encuentra un rastro y comienzan a aullar con excitación. "¡Mírennos!" —parecen decir—. "Estamos aprendiendo a ser miembros de la sociedad de lobos".

En la guarida, sus aulliditos se entremezclan con los de los miembros adultos de la manada. El sonido manda un mensaje claro. El canto del lobo no dejará de oírse a través de la tundra.

Piénsalo

1. ¿Cómo se hablan los lobos entre ellos? Da un ejemplo y explica su significado.

2. ¿Por qué crees que es importante que una manada tenga líderes fuertes?

3. Si oyeras aullar a una manada de lobos en la naturaleza, ¿qué pensarías? Escribe sobre cómo te sentirías y por qué.

Animales del desierto

por David Delgado
ilustrado por Michael Maydak

Es de día en el desierto. En el claro cielo hay un sol brillante, y el aire está caliente y seco. También están muy calientes la arena y las rocas.

El desierto parece vacío, con sólo unos cuantos cactos altos y espinosos. Un cacto viejo se murió de una enfermedad y se cayó. Ahora se va descomponiendo, caído en el ardiente suelo del desierto.

En el desierto también crecen centenares de arbustos bajos. Las ramas más bajas de estos arbustos dan a las criaturas del desierto un poco de sombra contra la calurosa luz del sol.

A primera vista el desierto no parece ser el hábitat de muchas criaturas. Sin embargo, si miras más de cerca, verás que en el desierto viven muchas clases de animales. Estos animales se han adaptado al riguroso y seco clima. Pueden vivir donde muchos otros animales no podrían sobrevivir.

Si remueves un poco la arena, tal vez encuentres que está llena de vida. Muchos insectos, como las hormigas, los escarabajos y hasta las abejas, cavan pequeños túneles. Quedarse debajo de la tierra protege a los insectos del sol abrasador.

La abeja cavadora hace un túnel largo y angosto debajo de la arena. Allí almacena polen como alimento y pone un huevo. La abeja bebé pasará muchos meses creciendo a salvo debajo del suelo.

Si miras en la sombra debajo del arbusto, tal vez veas una lagartija que trata de mantenerse fresca. Se trepó a una rama para alejarse del calor del suelo. Esta lagartija de cola de cebra a veces corre a través del desierto sobre sus patas traseras. Lo hace así para mantener las patas delanteras y el cuerpo bien lejos de la caliente arena.

Cerca, moviéndose despacio, se ve un reptil grande y lento que parece una tortuga de tierra. El caparazón del animal lo protege de los calientes rayos del sol. El agua que necesita la saca de las plantas que come. Una de sus comidas preferidas son las flores de cacto.

Da otra mirada al desierto. Está lejos de estar vacío. En verdad, ¡está casi atestado!

Tal vez veas una serpiente de cascabel dormida a la sombra de una roca. Las cascabeles descansan durante el calor del día y salen a cazar y comer durante la noche.

La liebre tiene orejas grandes que la ayudan a no sentir tanto calor. Le dan más piel para sacar calor del cuerpo.

En el desierto también puedes encontrar aves. Los pequeños pájaros que parecen estar colgados del aire justo arriba del arbusto son colibríes. ¡Un colibrí en vuelo es algo asombroso! Se mantiene inmóvil en un lugar como un pequeño helicóptero. ¡Y hasta vuela hacia atrás!

El correcaminos puede volar pero pasa la mayor parte del tiempo en el suelo. Como puedes imaginarte, ¡corre muy ligero! Come mayormente insectos y animales pequeños, hasta serpientes.

Los pájaros grandes y oscuros que están en lo alto del cielo son buitres. Están buscando comida en el suelo del desierto. Estos pájaros no cazan animales vivos. Comen de los cuerpos de los animales que ya se murieron, tal vez de alguna enfermedad.

Cuando cae la noche, el desierto está casi atestado. Ahora, después del calor del día, están despiertas unas criaturas diferentes.

Los insectos zumban por el aire y los murciélagos salen a comer insectos. Los coyotes acechan por todas partes, cazando serpientes, lagartijas, pájaros y mamíferos más pequeños. El solitario aullido del coyote es la canción nocturna del desierto.

Ya sea de día o de noche, el desierto está repleto de vida animal.

Piénsalo

1. ¿Cuál es el problema principal de los animales del desierto?

2. ¿Por qué a veces es difícil ver a los animales en el desierto?

3. Elige un animal del desierto. ¿Qué más quisieras saber acerca de ese animal? Escribe cuatro preguntas que quisieras que te contestaran.

¿Quién inventó esto?

por Beverly A. Dietz • ilustrado por Debbie Tilley

Los lápices se usaban mucho antes de que existieran las gomas de borrar. Para corregir errores, la gente probó muchas clases de cosas para quitar las marcas de sus lápices.

Las gomas de borrar se usaron por primera vez en el siglo XVIII. Aun así, encontrar una goma de borrar cuando uno la necesitaba podía ser un problema.

Entonces, en 1858, dos inventores tuvieron la misma idea brillante. Ambos, Hyman Lipman y Joseph Rechendorfer, eq inventaron lápices con goma en uno de los extremos. Con esto nos dejaron un patrimonio muy útil.

Por mucho tiempo los clientes llevaban sus propias canastas al mercado para poner la comida allí. Como las canastas no eran muy grandes, la gente no podía comprar mucho en un sólo viaje.

Sylvan Goldman era un comerciante dueño de uno de los primeros supermercados. Quería que los clientes de su tienda compraran mucha comida (más de la que podían poner en la canasta). En 1937 a Goldman se le ocurrió una idea. ¿Qué pasaría si los clientes tuvieran carritos con ruedas, carritos donde se pudiera llevar mucha comida? Así inventó el carrito de las compras.

127

Antes de 1904 mucha gente tomaba helado (pero servido en platitos). En la Feria Mundial de ese verano, a los vendedores ambulantes de helados se les acabaron los platitos.

Ernest Hamwi, que vendía barquillos en la feria, espontáneamente enrolló unos barquillos en forma de cono. La gente podía poner el helado en la abertura circular del cono. Así, ¡él inventó los cucuruchos!

John Spilsbury inventó los rompecabezas más de 200 años atrás. Quería ayudar a enseñarles a los niños a aprender sobre los lugares del mundo. Empezó pintando mapas sobre madera. Luego cortó los mapas en piezas para que los niños los volvieran a armar.

Los mapas de Spilsbury fueron los primeros rompecabezas. Hoy en día niños y adultos disfrutan armando rompecabezas sólo por placer.

Walter Hunt era inventor. En 1825 necesitaba dinero. Un hombre le dio un pedazo de alambre. Dijo que le pagaría a Hunt $400 por cualquier invento que pudiera hacer con eso.

La respuesta de Hunt fue casi automática. Conocía muy bien los problemas que causaban los alfileres. Hunt inventó el imperdible y recibió sus $400. Pero ahora el dueño de la idea de Hunt era el otro hombre, y esa idea lo hizo rico.

Como ves, no todos los inventos son complicados y costosos. Algunas de las cosas pequeñas que usamos todos los días son inventos importantes.

¿Tienes una idea para un invento propio? Tal vez quieras modificar algo que la gente ya usa. Quizás inventes algo totalmente nuevo que esté a la vanguardia de la ciencia. Entonces, algún día alguien puede usar tu invento y decir: "¿Quién inventó esto?".

Piénsalo

1. ¿Qué aprendiste acerca de las razones por las cuales la gente inventa cosas?

2. ¿Cómo crees que se sintió Walter Hunt cuando inventó el imperdible?

3. Has inventado algo nuevo y es todo un éxito. Escribe un artículo de periódico sobre tu invento que pueda publicar el periódico local.

Prueba tu destreza

Idea principal y detalles

Un amigo quiere saber de qué se trata "¿Quién inventó esto?". Cuando cuentas de qué se trata mayormente un cuento, das la **idea principal** del cuento.

Los **detalles** dan información para explicar la idea principal. Los detalles contestan a las preguntas *quién, qué, dónde, cuándo, por qué y cómo.*

La siguiente tabla muestra la idea principal y algunos de los detalles de "¿Quién inventó esto?".

Idea principal	Detalles
Algunas de las pequeñas cosas que usamos todos los días se inventaron de maneras interesantes.	• Los primeros rompecabezas eran mapas cortados en piezas. Se inventaron para enseñar a los niños dónde están los países. • Los cucuruchos se inventaron cuando un vendedor de helados se quedó sin platitos.

Piensa en otro detalle que podrías agregar a la tabla.

Planea un párrafo sobre un invento que te parezca útil. Puedes elegir uno de la selección u otro que te guste. Haz una red que muestre tu plan. En el centro de la red escribe una oración con la idea principal de tu párrafo. En los espacios de alrededor del centro, escribe palabras u oraciones que den detalles.

El caso del extraño escultor

por Lisa Eisenberg • ilustrado por Kenneth Spengler

Era un día importante en el pueblo de Fudge Corners. Habitantes de todos los vecindarios habían ido a la plaza del pueblo. Allí, en una ceremonia a la intemperie, iban a eq ver develar el trabajo de un escultor local. Entre la gente estaba Gina Ginetti, una niña detective muy conocida, con sus amigos Ángela y Al.

—¡Estoy tan emocionada! —exclamó Ángela—. Hoy es el día en que vamos a ver la estatua que hizo Reggie Rodgers del Gigante Amable. ¡Dicen que es su obra mejor!

—¡No veo a qué viene todo este escándalo! —refunfuñó Al.

—¡Gigante Amable es el perro más conocido de Fudge Corners! —replicó Ángela—. En 1809 le salvó la vida a Felix Fudge, el fundador del pueblo.

—No tengo nada en contra de Gigante Amable —dijo Al—. El que no me gusta es Reggie Rodgers. Sacó el primer premio en la exposición de arte del año pasado, ¡y desde entonces no ha dejado de alardear!

—Tal vez Reggie no te gusta —dijo Ángela frunciendo el ceño— ¡porque es mejor escultor que tú!

—Yo soy mejor escultor —insistió Al —. Él es sólo mejor fanfarrón.

—Dejen de pelear, ustedes dos —interrumpió Gina—. ¡Miren! ¡Están por develar la estatua!

El alcalde, persona que administra el pueblo de Fudge Corners, volvió a contar el cuento de cómo Gigante Amable había salvado a Felix Fudge. También habló de lo afortunado que era el pueblo de tener a un gran escultor como Reggie Rodgers. Luego quitó la tela que cubría la estatua.

—¡Oh! —exclamó la multitud—. ¡El perro parece estar vivo! ¡Qué genio es Rodgers!

Una bandada de palomas bajó revoloteando a investigar.

Todo el mundo aplaudió excepto Al. Se quedó confundido, mirando la plataforma.

—¡Ésa es la estatua mía de Gigante Amable! La hice en mi sótano y anoche todavía estaba allí. Me la robó alguien, y ahora sé quién es el culpable. ¡Fue él, Reggie Rodgers!

Ángela abrazó a su amigo, que estaba muy nervioso.

—Vamos, Al. Sabemos que Reggie Rodgers no te gusta, pero eso no es razón para inventar cuentos locos!

—¡Es verdad que la hice yo! Quería ver si podía hacerla mejor que Reggie. ¡Estaba seguro de que sí me era posible! —declaró Al.

Ángela miró nerviosa hacia la plaza atestada de gente.

—Todo el mundo nos mira con cara rara. Será mejor que te calmes, Al.

—Espera un minuto, Ángela —dijo Gina—. No recuerdo que Al jamás haya dicho una mentira. ¡Yo le creo!

—¿Qué razón tendría Reggie para robarle la estatua a Al? —preguntó Ángela—. No suena lógico.

—No lo sé, pero confío en mi instinto de detective —dijo Gina—. ¡Vamos a buscarlo y a hablar con él ahora mismo!

Mientras buscaban entre toda la gente, Al encontró fuerzas en el apoyo de Gina y Ángela. Cuando encontraron a Reggie Rodgers, Al fue directamente hacia él.

—¿Por qué me robaste la estatua? —le preguntó.

—¡Ah! — dijo Reggie con desdén—. ¿Por qué me iba a meter en tu sótano y robarte tu pobre estatuita?

—¡No lo sé! —gritó Al—. Tal vez la tuya no te salió bien, o quizá no la terminaste a tiempo.

Reggie miró a su alrededor nervioso.

— ¡Es una locura! —dijo—. Ni siquiera sé dónde vives y además, tengo una coartada para anoche.

—¡Lo he vuelto a hacer! —dijo Gina orgullosa—. He resuelto otro caso. Reggie, sea cual sea tu coartada para anoche, es falsa. Tú sabes que le robaste la estatua a Al y yo sé que eres culpable. ¡Te delataste dos veces!

¿Cómo supo Gina que Reggie le había robado la estatua a Al?

Solución: Reggie dijo que no sabía dónde vivía Al, pero sabía que la estatua había estado en el sótano. ¡También sabía que la estatua la habían robado la noche anterior!

Piénsalo

1. ¿Cómo puede Gina resolver el misterio?

2. ¿Cómo crees que se siente Reggie cuando el alcalde devela la estatua de Gigante Amable? ¿Cómo crees que se siente cuando Gina, Al y Ángela se le acercan corriendo?

3. ¿Qué crees que pasa después de que Gina demuestra que Reggie es culpable? Escribe la siguiente parte del cuento.

Justo lo suficiente es más que bastante

por Sydnie Meltzer Kleinhenz • ilustrado por Normand Cousineau

Un granjero ganaba justo lo suficiente para vivir una vida simple. Como era muy ahorrativo, insistía en guardar cada moneda que le sobraba. Con el tiempo sus ahorros crecieron hasta formar una suma bien grande. Estaba fascinado con su riqueza, pero irritaba a sus amigos y vecinos.

—Ahora soy rico, pero no te preocupes —le dijo súbitamente un día a un amigo—, no voy a dejar de hablar contigo.

Su amigo era muy pícaro y aunque no quería formar una guerra, vio la oportunidad para divertirse.

—¿Cómo puedo saber que eres rico —preguntó—, a menos que vea una prueba?

El amigo había hecho un pícaro plan con los vecinos para hacer que el granjero dejara de alardear. Así que le dijo:

—No alardeo a menudo, pero soy rico yo también —le dijo. Soy el dueño de todas las tierras a lo largo de este camino.

—¿De verdad? —preguntó el granjero.

—Sí, de verdad —insistió el amigo—. No tienes más que preguntarles a tus vecinos.

—¡Hummm...! —dijo el granjero.

Y se fue camino abajo a investigar. A medida que pasaba hileras de maíz, frijoles, melones y árboles de guindas y naranjas, les preguntaba a los vecinos:

—¿De quién son estos terrenos?

143

Siguiendo el plan, los vecinos le dijeron que los campos eran de su amigo.

El granjero se apuró a comprar terrenos adicionales. Mientras tanto el amigo pidió prestados cerdos y gallinas a los vecinos. Luego visitó al granjero, que trabajaba sin descanso en sus campos nuevos. Tenía la ropa sucia y la cara húmeda.

—¡Hola! —le dijo el amigo.

—¡Hola, amigo! —le contestó el granjero y le señaló sus campos—. Ahora ves que soy hombre rico.

—¡Vas a cosechar más que lo suficiente para un hombre rico! —le dijo el amigo—. No alardeo a menudo, pero soy muy rico yo también. Acabo de comprar diez cerdos más y veinte gallinas más.

Esa noche el granjero fue sigilosamente al corral de su amigo a ver si realmente tenía más animales. "Es verdad", murmuró.

Al día siguiente compró más cerdos y más gallinas. Hubo muchos gruñidos y cloqueos adicionales.

El granjero se pasó todo el día ahuyentando gallinas de las ventanas, protegiendo sus cultivos contra los cerdos, limpiando los desagües y trabajando duro bajo el sol.

Cuando llegó su amigo, el granjero señaló a los animales y dijo
—Ahora ves que soy hombre rico.

Y se fue corriendo para proteger su maíz contra los hambrientos cerdos. Volvió casi arrastrándose y tan cansado que se dejó caer en una silla y aplastó un huevo que había puesto ahí una gallina.

—Vas a tener jamón y huevos más que suficientes para un hombre rico. ¡Tú no vas a pasar hambruna! —dijo el amigo—. Pero esa choza tuya no parece la casa de un hombre rico. Nadie que pase podría adivinar que eres rico. Ahora necesitas una casa buena y grande. Quizá podrías adornarla con grandes guirnaldas.

El granjero estaba molesto.

—¡Qué! —dijo—. ¿Cómo voy a encontrar tiempo para hacer una casa grande y nueva para alojarme? Ahora no tengo tiempo ni para pensar.

Y se fue dando pisotones.

Aquella noche el granjero sí se puso a pensar. Miró su acogedora cabaña. Era perfecta para él. No quería ni una casa grande ni todos esos terrenos y animales que lo cansaban tanto. Sabía lo que tenía que hacer.

Al día siguiente, con gran alegría el granjero regaló sus tierras, cerdos y gallinas. Escuchó la melodía de una guitarra. Se quedó con justo lo suficiente, y eso era más que bastante.

Piénsalo

1. ¿Por qué compra el granjero ahorrativo más campos y más animales? ¿Por qué los regala?

2. ¿Cómo crees que se siente el granjero ahorrativo después de regalar sus tierras y animales?

3. ¿Qué crees que dicen los vecinos del granjero cuando regala lo que ha comprado? Escribe la conversación de los vecinos.

Prueba tu destreza

Resumir y parafrasear

Si le cuentas a un amigo acerca de "Justo lo suficiente es más que bastante", tal vez digas:

> Un granjero siempre había estado contento con tener justo lo suficiente. Ahorró mucho dinero y empezó a alardear de lo rico que era. Un amigo lo engañó y le hizo comprar más campos y más animales. Cuando el amigo trató de hacerle comprar una casa nueva, el granjero decidió que tener justo lo suficiente era bastante para él.

Cuando vuelves a contar sólo los sucesos principales de un cuento, estás **resumiendo**. El resumen de un cuento es mucho más corto que el original.

Cuando vuelves a contar todo lo que leíste en una oración o un párrafo con tus propias palabras, está **parafraseando**. Una paráfrasis tiene más o menos el mismo largo que el original.

Es útil resumir y parafrasear mientras lees. Te ayuda a entender y a pensar en lo que leíste.

Con un compañero elige cuatro oraciones de "Justo lo suficiente es más que bastante". Trabajen juntos para parafrasear o reformular esas oraciones con sus propias palabras.

149

Lobo Malo y la ley

por Deborah Eaton ilustrado por Terry Hoff

TIEMPO: *agosto de algún año*

LUGAR: *el Tribunal de Cuentolandia*

LOBO MALO

JUEZA PASTORCITA

ABOGADA

ALGUACIL

CAPERUCITA ROJA

ALGUACIL: ¡Orden en el tribunal! Todos de pie para recibir a la jueza Pastorcita.

JUEZA PASTORCITA: Pueden tomar asiento. Vamos al grano. ¿De qué se lé acusa?

ABOGADA *(Le alcanza un papel.)***:** De intento a comer, jueza.

JUEZA *(Se deshace del papel.):* Bueno, ¡qué original! Generalmente comer es aceptable, ¿no?

ABOGADA: Sí, pero al señor Lobo lo encontraron persiguiendo a una abuela y su nietecita.

JUEZA: ¡Eso es horrible!

LOBO *(Preocupado.):* ¡Yo no hice eso!

JUEZA: Bueno, sigamos. Déjenme beber un poco de agüita. Estoy despierta desde el amanecer *(bosteza)*, y tengo ovejas perdidas que encontrar. El señor Agüero es mi asistente y tomara nota de todo.

ALGUACIL: ¡Señor Lobo! por favor póngase de pie y levante la pata derecha. Los pingüinos del público dejen de hablar, por favor.

LOBO *(con la pata levantada)*: Es un honor estar aquí, señoría. Permítame decirle que nunca vi una jueza tan bonita.

ABOGADA: ¡Objeción! ¡Intento de halago!

JUEZA: Lo permito.(*Se mira en el espejo de mano.*) Demuestra que dice la verdad. Ahora, llame a su primer testigo. Va a llamar a la cigüeña, ¿no?

ALGUACIL: ¡Caperucita Roja!

ABOGADA: ¿Qué la llevó a acusar al lobo, señorita Caperucita?

CAPERUCITA ROJA: Él… él… *(empieza a berrear)*

ABOGADA: ¿Él qué?

CAPERUCITA ROJA: ¡Dijo que mi abuelita sería *deliciosa*! *(grita más fuerte)*

ABOGADA *(triunfante):* ¿Ve usted? ¡Sí que lo hizo!

LOBO *(desesperado):* ¡No! ¡No lo hice! ¡Soy inocente!

JUEZA *(con la mano en el mentón):* Estoy tan preocupada por mis ovejas.

LOBO: ¿Ovejas? También las ovejas son deliciosas. Generalmente me gustan con salsa de menta, pero…

JUEZA: Ahora sí que lo veo. No quiere que lo averigüe. ¡LO HIZO!

ABOGADA: ¡Y ni siquiera se arrepiente!

ALGUACIL: ¡Llévenlo a la cárcel!

LOBO: ¡Esperen! ¡Esto es una injusticia tan grande! La culpa la tiene el dramaturgo, no yo. Yo sólo seguía el guión original. En realidad me llamo Gran Lobo Guillermo. ¡Soy más bueno que el pan!

ABOGADA: ¡Ja, ja! ¡Cuéntenos otro cuento!

LOBO: ¡Es la verdad! Soy víctima de las circunstancias. ¡Lo somos todos! ¡Sólo tiene que mirarse a usted misma, jueza! No *puede gustarle* ese vestido con voladitos y ese sombrero tan raro. Los lleva sólo porque se los dibujan en todos los cuentos.

JUEZA: Bueno, a mí…

LOBO: ¡Y tú! (*Señala a Caperucita Roja con una garra.*) ¿Realmente quieres ir donde tu abuelita constantemente? ¿No te gustaría más ir a jugar a los bolos o tener otro entretenimiento?

CAPERUCITA ROJA: ¿A los bolos?

LOBO: ¡Ah! Nunca me comería a la niña, jueza. Nunca le pondría una pata encima.

JUEZA: Entonces, ¿no me comió las ovejas?

LOBO: Pues, soy incapaz de matar ni a una pulga. *(Se rasca.)* No soy ni grande ni malo, pregúnteselo a mi madre. ¡Pregúnteselo a cualquiera!

ABOGADA: ¿Por qué no se lo preguntamos a mis testigos sorpresa? *(Hace un gesto con la cabeza al Alguacil.)*

JUEZA: ¿Quiénes son?

ALGUACIL: ¡Los tres cerditos!

LOBO: *(Hundiéndose en la silla.)* ¡Oh, no!

156

Piénsalo

1. ¿Por qué acusan al lobo de intento a comer? ¿Cómo trata de defenderse?

2. Al final de la obra, ¿por qué se hunde el lobo en la silla y dice: "¡Oh, no!"?

3. ¿Qué crees que va a decidir la jueza al final del caso? ¿Qué va a decir y hacer el lobo? Escribe otra escena de la obra.

El reino de Bosquelandia era buen lugar para vivir, la mayor parte del tiempo. Por muchos años cosechas abundantes habían dado a la gente toda la comida que necesitaban. En esta tierra no existía el hambre. El reino tomaba su nombre de sus espesos bosques, así que los habitantes de Bosquelandia también tenían mucha leña. El único problema que tenían de vez en cuando era el rey.

El rey Roger era amable, como debe serlo todo buen líder. Creía que la amabilidad era muy importante. Siempre recompensaba a sus súbditos cuando eran amables con los otros habitantes de Bosquelandia.

Te preguntarás: "Si el rey era tan amable, ¿qué problema había?". Bueno, el rey Roger tenía muchas ideas para recompensar a los súbditos, pero sus ideas no siempre eran inteligentes.

Una vez un zapatero amable le hizo al rey un par de zuecos de madera. Jamás le habían quedado los zapatos tan bien como éstos. "¡Ojalá mis súbditos fueran tan afortunados como yo! —dijo suspirando—. Así nunca más tendrían que aguantar zapatos incómodos." Entonces se le ocurrió una idea no tan inteligente.

El rey Roger pasó un decreto real. Todo el mundo, en todas las provincias del reino iba a tener zapatos exactamente iguales a los suyos. Porque, como el rey Roger lo sabía muy bien, el tamaño y la forma eran perfectos.

Pasó lo mismo cuando el rey Roger volvió de un viaje real trayendo un tigre mascota. Ninguna mascota le había gustado tanto como ésta. Decretó que todos los habitantes de Bosquelandia debían tener un tigre de mascota. Porque, como el rey Roger lo sabía muy bien, esta clase de mascota era perfecta.

Los habitantes de Bosquelandia aguantaron los decretos del rey Roger por mucho tiempo porque era un líder muy amable. No querían ofenderlo porque sabían que él nunca los ofendería a ellos.

Las cosas cambiaron cuando se proclamó el decreto real más reciente. Pasó así: El rey Roger miró su traje real más nuevo, el de capucha de satén. Estaba adornada con mil perlas relucientes y mil esmeraldas resplandecientes. ¡Brillaba como un millón de estrellas!

¡Oh, se veía espléndido! ¿Quién no se sentiría feliz con ropa como ésta? Para darle esta felicidad a sus súbditos, decretó que todos tenían que vestirse como él.

Los habitantes de Bosquelandia se quedaron paralizados. Se miraron los unos a los otros. ¿Cómo harían para vestirse como el rey? No tenían ni seda ni satén. No tenían millones de perlas ni esmeraldas.

El alcalde de Bosquelandia entendió el problema y reunió a los ministros de todas las provincias del reino. Miraron en libros antiguos de sabiduría, con la esperanza de encontrar una solución.

Después de muchas horas, el ministro más anciano dijo —Se me ocurre una idea.

—Por favor, dinos de qué se trata —imploraron los otros.

Cuando la oyeron, todos acordaron que éste era un plan muy inteligente.

El día en que debía cumplirse el nuevo código de vestimenta, los habitantes de Bosquelandia fueron al palacio. Querían mostrarle al rey Roger su magnífica ropa. El rey se quedó mirándolos, confundido. Sin embargo, pronto entendió lo que habían hecho sus súbditos. Se sacudió de la risa hasta que le corrieron lágrimas por las mejillas.

El rey Roger caminó entre la gente. Miró cada traje con deleite.

—¿Estas esmeraldas son…? —preguntó.

—Uvas, Majestad —contestó la esposa del tendero, mostrándole un puñado.

—¿Esas plumas…?

—Ramitas, Majestad —dijo el leñador.

—Gente de Bosquelandia —anunció el rey—. Deseo pasar un decreto real.

—¡Oh, no! —susurró el alcalde mientras temblaba en sus zuecos—. Nuestro inteligente plan no resultó.

—Proclamo que de ahora en adelante, antes de pasar un decreto real, me reuniré con los ministros de todas las provincias. ¡Tal vez cuando mis ideas inteligentes no sean tan inteligentes, ellos me lo hagan saber!

El rey Roger estaba contento porque sus leales súbditos le habían mostrado su error de manera tan amable. Los recompensó con un banquete real, ¡que todos disfrutaron majestuosamente!

Piénsalo

1. ¿Qué problema tiene la gente de Bosquelandia con su rey?

2. ¿Qué lección aprende el rey acerca de ser amable con sus súbditos?

3. El rey Roger no quiere que nadie se pierda su banquete real. Haz un cartel que pueda usar para anunciar el banquete.

Incendio en el

por Caren B. Stelson   ilustrado por Carmelo Blandino

¿Te acuerdas del oso Smokey, el mejor amigo del guardabosques? Smokey siempre decía que cuidar el bosque era tarea de todos. Decía: "Sólo TÚ puedes evitar los incendios forestales". Esto sigue siendo verdad, pero los tiempos han cambiado.

Los guardabosques ya no creen que todos los incendios son malos. En realidad, ahora les parece que algunos incendios pueden ser buenos para el bosque.

bosque

Ya que las ardientes llamas destruyen los árboles, podrías preguntar: "¿Cómo puede un incendio ser bueno para un bosque?" Pero parece que un incendio es la manera en que un bosque se renueva.

El fuego quema las ramas viejas, la maleza y los árboles enfermos. Las cenizas enriquecen la tierra, y el suelo del bosque recibe más luz solar. Esto hace que los árboles nuevos crezcan fuertes y con rapidez. Hoy en día los guardabosques ven los incendios como una parte importante del ciclo de vida de un bosque.

Para los guardabosques, decidir qué incendios dejar arder y cuáles extinguir es una decisión muy seria. Si están en peligro personas y hogares, los guardabosques piden ayuda enseguida.

Acuden bomberos y voluntarios, que inmediatamente se ponen sus cascos con máscaras, y chaquetas y guantes a prueba de fuego. Tienen también su equipo: palas, hachas y azadones. Los aviones dejan caer productos químicos que hacen que las llamas sean menos flamables, por lo que las disminuyen. A veces los aviones también sacan enormes baldes de agua de algún lago cercano y la derraman sobre el fuego.

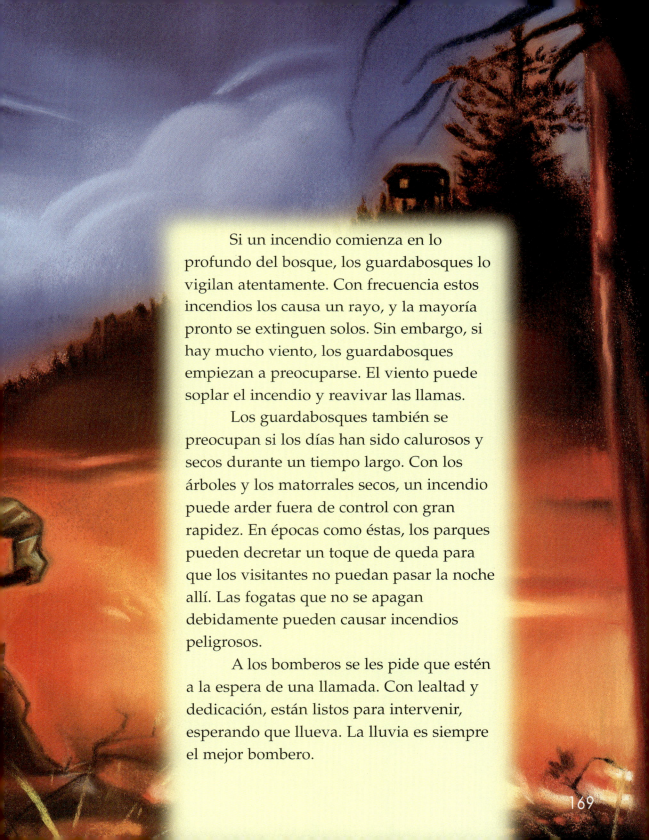

Si un incendio comienza en lo profundo del bosque, los guardabosques lo vigilan atentamente. Con frecuencia estos incendios los causa un rayo, y la mayoría pronto se extinguen solos. Sin embargo, si hay mucho viento, los guardabosques empiezan a preocuparse. El viento puede soplar el incendio y reavivar las llamas.

Los guardabosques también se preocupan si los días han sido calurosos y secos durante un tiempo largo. Con los árboles y los matorrales secos, un incendio puede arder fuera de control con gran rapidez. En épocas como éstas, los parques pueden decretar un toque de queda para que los visitantes no puedan pasar la noche allí. Las fogatas que no se apagan debidamente pueden causar incendios peligrosos.

A los bomberos se les pide que estén a la espera de una llamada. Con lealtad y dedicación, están listos para intervenir, esperando que llueva. La lluvia es siempre el mejor bombero.

En 1988, los guardabosques tuvieron un problema de incendio muy serio en el parque nacional Yellowstone. Era un verano caluroso y el bosque estaba muy seco. Ese año había caído poca nieve y por seis semanas casi no había llovido nada.

Cuando los rayos causaron incendios en lo profundo del bosque, los guardabosques decidieron que no había problema con dejarlos arder. Luego sopló el viento y todo cambió. Llamas de 200 pies de altura saltaban y rugían, producían incendios nuevos y reavivaban los viejos.

Los fuertes vientos enviaron nubes de humo por todo el parque. Los visitantes y las cabañas estaban en peligro. Bomberos de muchas ciudades llegaron con su equipo. También varias brigadas de voluntarios se pusieron equipos de bomberas. Todos se esforzaron juntos, pero cada vez que pensaban que tenían controlado el incendio, éste se reavivaba.

Los incendios ardieron intermitentes y sin control todo el verano. Finalmente, en septiembre, empezó a llover y por fin los incendios se apagaron. Se habían perdido millones de árboles, pero no se había destruido el bosque en sí. Para el verano siguiente, una alfombra nueva de pasto y millones de flores silvestres cubrían las laderas de las colinas. El bosque se estaba curando. El ciclo de vida había vuelto a empezar.

Piénsalo

1. ¿Por qué los guardabosques dejan que algunos incendios ardan?

2. ¿Por qué todavía es importante para las personas prevenir los incendios forestales?

3. Eres un bombero entrenado que ha pasado un largo día luchando contra un incendio forestal. Escribe una carta a tu casa contando lo que has hecho.

Prueba tu destreza

Hecho y opinion

El oso Smokey decía: "Sólo TÚ puedes evitar los incendios forestales".

Se puede probar que este enunciado es verdadero. Es un **hecho**.

Smokey es el oso más simpático del mundo.

Este enunciado no se puede probar. Dice lo que alguien siente o cree. Es una **opinión**.

Es importante saber si el autor está presentando hechos u opiniones. Entonces puedes decidir qué creer acerca de lo que lees. Si lees buscando información, esperas encontrar más que nada hechos. Los informes de periódicos, por ejemplo, deben presentar sólo hechos.

Puedes usar un cuadro como el siguiente para anotar hechos y opiniones a medida que lees. Para decidir si un enunciado es un hecho o una opinión, pregúntate: "¿Se puede probar esto?"

Hecho	Opinión
Los incendios pueden ser peligrosos.	Luchar contra los incendios es un trabajo emocionante.

Escribe cuatro oraciones sobre esta ilustración. En las dos primeras oraciones escribe hechos. En las dos últimas oraciones escribe opiniones.

En este lugar volvieron a empezar

por Ben Farrell   ilustrado por Jui Ishida

—Karen, ésta es la isla Ellis —dijo papá—, donde el abuelo de mi padre comenzó unavida nueva. Viniendo a Estados Unidos una, el abuelo Joe enriqueció la vida de toda nuestra familia.

—¿Vino a este lugar para prepararse para conseguir la ciudadanía? —pregunté.

—No —dijo papá—. Vino a la isla Ellis como peticionario para entrar a Estados Unidos. Antes de poder pasar al territorio continental, los peticionarios tenían que presentarse ante un examinador.

—¿Por qué? —pregunté.

—Ésa es una de las cosas que vamos a aprender durante la visita —dijo papá.

Pensé que la isla tenía mas hierba. Empezamos nuestra visita al Museo de la isla Ellis por el Salón de Equipajes. En este salón se amontonaban personas de todas partes del mundo, pues aquí tenían que dejar su equipaje. Pude sentir el miedo que debieron haber tenido porque el equipaje y unos pocos comestibles era todo lo que poseían. ¡Hasta olia como entonces!

Después entramos en la Sala de Registro. Era enorme, con banderas grandes que colgaban encima de nosotros. Mientras las señalaba, pregunté:

—¿Es aquí donde la gente prestaba el juramento de fidelidad?

—No —dijo papá—. No prestaban el juramento de fidelidad hasta más tarde, en la ceremonia de la ciudadanía. Para convertirse en ciudadano se necesita tiempo y estudio. Éste era sólo el lugar donde empezaban.

—Parece que tengo mucho que aprender —me disculpé—. Entonces, ¿qué pasaba en este salón?

—Aquí es donde el examinador verificaba los documentos de los pasajeros —dijo papá—. Los barcos tenían que presentar certificados con información sobre cada pasajero.

—¿Qué verificaba el examinador? —pregunté.

—Preguntaba de dónde había venido la persona y qué pensaba hacer en Estados Unidos. También los médicos tenían que revisar a la gente. Nadie podía huir de ese paso.

—Me imagino que tenían que saber si las personas estaban sanas —dije.

—Sí —contestó papá—, pero principalmente querían saber si traían enfermedades serias. No querían poner en peligro la vida de la gente que vivía en Estados Unidos. A los inmigrantes que tenían una enfermedad seria se les regresaba a su patria.

Eché un vistazo al salón. ¡Qué bulla habría cuando estaba lleno de personas! Muchas estarían hablando animadamente acerca de entrar a Estados Unidos. Otras estarían con miedo de que las enviaran de vuelta.

—¿Vino también a la isla Ellis la abuela del abuelo? —pregunté.

—Creo que sí —dijo papá—, pero nadie sabe qué apellido tenía antes de casarse. La tradición de que al casarse las mujeres cambian de apellido hace difícil encontrar estos nombres.

—Esa tradición está cambiando —dije—. Las mamás de algunos de mis amigos se han quedado con sus apellidos. Creo que yo voy a hacer lo mismo.

Papá sonrió y dijo:

—Es una lástima que no hicieran las cosas así en aquellos días.

Yo también sonreí, pero me dio un poco de tristeza que nuestra historia familiar se hubiese perdido.

Entonces papá dijo:

—Pero puede ser posible que descubramos algo sobre ella. Tendríamos que hacer una búsqueda seria.

—¡Hagámosla, papá! —insistí—. Te voy a ayudar. ¡Me gusta investigar!

El guía de la visita nos llevó afuera a ver el Muro de Honor. Allí están escritos los nombres de más de 500,000 personas que vinieron a Estados Unidos.

Papá preguntó cómo podía agregar al muro el nombre del abuelo Joe.

—Cuando volvamos a casa —me dijo—, voy a empezar el papeleo para que nos den el derecho de anotarlo. Quiero honrarlo de esta manera porque ayudó a nuestra familia a establecerse en Estados Unidos y esto me enorgullece. De alguna manera ha dejado una huella en este país.

—Después de eso, ¿podemos empezar a investigar a la abuela del abuelo? —pregunté.

—Por supuesto, Karen —dijo papá, sonriendo—. ¡No veo la hora de hacerlo!

Piénsalo

1. ¿Por qué visitan Karen y su papá la isla Ellis?

2. ¿Cómo crees que se sintió el abuelo Joe cuando llegó a la isla Ellis?

3. Imagina que visitas la isla Ellis y envías una tarjeta postal a un amigo. Escribe un mensaje para esa tarjeta postal.

Una casa, dos familias

por Ann W. Phillips • ilustrado por Kristin Barr

Había una vez una casa en una colina. En aquel entonces era una casa nueva. ¿Quién vivía en la casa? Vivían una mamá, un papá y cinco niños. Los niños dormían en el desván, donde en verano hacía un calor sofocante. En los severos meses de invierno, se les congelaba el agua del recipiente que estaba junto a la palangana. Los niños se mantenían calentitos en la cama, bajo la suave lanilla de las colchas. Reían, charlaban y contaban cuentos a la pálida luz de un farol.

¿Cómo iba de un lado a otro la familia? Cuando el pueblo puso la línea del tranvía, éste se convirtió en su medio de transporte. Antes casi siempre caminaban. Para los viajes más largos usaban un carruaje tirado por un caballo. La mayoría de los caminos de aquel entonces no estaban pavimentados y a menudo estaban llenos de barro o de polvo. El tranvía les hizo más fácil llegar a las tiendas del pueblo, donde compraban las mercancías que necesitaban.

¿Cómo se comunicaba la familia? Para ese entonces el teléfono era una novedad y ellos no lo tenían. Para mandar mensajes a larga distancia, tenían que escribir cartas y para los asuntos urgentes, enviaban un telegrama.

¿Qué hacían los niños? Ayudaban con las tareas domésticas. Jugaban a la mancha en el patio y a las escondidas en las habitaciones de la casa. Se escribían versitos graciosos en sus cuadernos de autógrafos.

Un día un fotógrafo del pueblo sacó una fotografía de la familia frente a la casa. Tuvieron que quedarse muy quietos. Llenos de orgullo, colgaron la fotografía en una pared de la sala. Sentían mucho cariño por su casa, que los refugiaba y protegía.

Han pasado los años y la casa sigue en la colina; pero muchas de sus cosas han cambiado. Ahora en la casa viven una mamá, un papá y tres niños. Han instalado un teléfono que funciona muy bien, así que la familia puede hacer llamadas locales y de larga distancia. También han instalado calefacción central, de modo que ahora, en el invierno, el desván está calentito. Los niños nuevos ríen y, charlan y cuentan cuentos por la noche, como lo hacían los niños de antes.

Ahora la calle está pavimentada, como todas las otras del pueblo. Para ir de un lugar a otro, la familia tiene un auto y una camioneta. Pueden recorrer distancias largas en poco tiempo.

La familia nueva es cliente de las tiendas del pueblo, es pero también del gran centro comercial. Los tres niños nuevos juegan a la mancha en el patio y a las escondidas dentro de la casa. También nadan en el gimnasio del pueblo con otros seis niños.

La primera familia que vivió en la casa sentía gran cariño por su hogar y lo cuidó muy bien. Cuando se mudó a la casa la familia nueva, todavía estaba en la pared de la sala la vieja fotografía de la primera familia. Ahora cuelga a su lado una fotografía de la segunda familia. "Es una magnífica casa antigua", dicen los nuevos habitantes y sonríen felices porque también ellos la quieren. Quizás muy dentro de sus pisos, habitaciones y paredes, la casa sonríe con ellos.

Piénsalo

1. Piensa en la segunda familia que vive en la casa. Menciona cuatro cosas que hacen su vida diferente a la vida de la primera familia.

2. ¿Por qué crees que la segunda familia mantiene en la casa la fotografía de la primera?

3. Antes de comprar la casa, la segunda familia ve un anuncio en el diario. Escribe el anuncio que los lleva a comprar esta casa.

Prueba tu destreza

Propósito y perspectiva del autor

Piensa en por qué la autora escribió "Una casa, dos familias". La razón que tiene un autor para escribir se llama el **propósito del autor**. Un autor puede tener uno de estos tres propósitos:

informar   **persuadir**   **entretener**

¿Cuál crees que ha sido el propósito de la autora de "Una casa, dos familias"? ¿Cómo habría cambiado el cuento si el propósito de la autora hubiera sido persuadirte de que ésta era la casa perfecta?

La manera de escribir del autor también se ve afectada por su punto de vista acerca del tema. Este punto de vista se llama la **perspectiva del autor**. Puede incluir sus propias actitudes y opiniones. Ahora piensa en la perspectiva de esta autora. ¿Cómo parece sentir se la autora con respecto a las casas antiguas?

Propósito de la autora
¿ Quiere la autora informar, entretener o persuadir?

Perspectiva de la autora
¿Cuál es el punto de vista de la autora? ¿Qué actitud u opinión tiene?

Planea tu propio párrafo acerca de una casa o edificio que te guste. Empieza eligiendo un propósito para tu párrafo. Escribe una oración que diga cuál es tu propósito. Luego, recordando tu propósito, haz una lista de tres o cuatro cosas de que tratará tu párrafo.

Días escolares

por Susan McCloskey • ilustrado por Thomas Buchs

Elena se despertó melancólica y con sensación de temor. Su familia acababa de mudarse a una comunidad nueva, y hoy iba a ser su primer día en la escuela nueva.

Elena había sentido gran estima por la maestra de su vieja escuela y ya la extrañaba. "Sé que voy a detestar esta escuela", se dijo con certeza.

Levantó la cabeza de la almohada y miró afuera. Ahora las mañanas eran oscuras, y los autos todavía llevaban las luces encendidas. Además, hacía frío. Elena volvió a acomodarse bajo el calorcito de su edredón de plumas.

Al rato la mamá golpeó a su puerta.

—¡Levántate, dormilona! —le dijo con entusiasmo.

—¡Ay, mamá! ¡Ya te oigo! —dijo Elena malhumorada—. No veo por qué tus palabras matutinas tienen que ser tan alegres.

Elena se vistió pasándose el suéter rojo por la cabeza. Su gato también estaba preparándose para empezar el día, y Elena se paró un momento para observarlo. Acababa de lavarse pero todavía le asomaba por la boca una puntita rosa. Eso siempre hacía sonreír a Elena.

"Podría mentir y decir que tengo un dolor de cabeza terrible —pensó Elena—. Es probable que mamá y papá dejen que me quede en casa." Entonces se acordó de lo que la mamá siempre le decía a la gente: "¡Muy honesta, ésa es mi Elena!". Fingir un dolor de cabeza no sería honesto, y estaba decidida a merecer el alto aprecio de su mamá.

Elena respiró profundo. Trataría de comportarse de forma heroica. Sin duda iba a poder sobrevivir el tedioso día, pero no estaba ansiosa de hacerlo.

Su papá tenía la costumbre de prepararle un buen desayuno los días de clase. Normalmente esta costumbre les gustaba a los dos. Sin embargo, esta mañana a Elena la comida le era indiferente.

—¡Ah, qué bien! —dijo al entrar en la cocina—. ¡No hay nadie!

Miró por la ventana y vio que sus padres se reían cordialmente con una mujer que estaba paseando a un perro entre remolinos de hojas caídas. La mujer se veía simpática y amistosa. Elena deseó poder compartir esa alegría y despreocupación.

Luego la mujer y el perro se fueron y los padres de Elena entraron a la casa.

—¿Lista para el desayuno? —le preguntó el papá, decidido a levantarle el ánimo—. A ver… ¿qué hacemos?, ¿torrejas?, ¿huevos revueltos? ¿Una corteza de pan seca? Estaba resuelto a animar a Elena.

Elena no pudo evitar contestarle con distracción:

—Sólo una porción bien abundante de crema batida, por favor. ¡Ah! y un pastelito para acompañarla.

—Ya veo los titulares —continuó el papá—. "¡Niña graciosa hace cientos de amigos en un solo día!"

—¡Ojalá! —dijo Elena—. De desayuno quisiera avena, por favor.

Ya de mejor humor, Elena comió con entusiasmo.

—¿Quién era esa señora con quien hablaban? —preguntó.

—La vas a conocer muy pronto —contestó la mamá sonriendo, mientras le sacaba un hilo suelto de la falda.

En ese momento golpearon enérgicamente a la puerta.

Elena abrió. Era la señora de apariencia simpática.

—Hola, Elena —dijo—. Soy tu vecina, la señora Gómez. ¿Empiezas las clases hoy?

—Sí, y eso me tiene nerviosa —contestó Elena—. Voy a extrañar a mi maestra de la otra escuela. No hay quien pueda ser más agradable que ella.

Mientras se reía, a la señora le brillaban los ojos.

—¡Bueno, Elena —exclamó—, yo soy tu nueva maestra y prometo intentarlo!

Elena rió también. Tal vez esta escuela no resulté tan mala después de todo.

Piénsalo

1. ¿Por qué teme Elena al primer día de clase?

2. Elena ve a sus padres fuera, conversando y riendo con una señora de apariencia simpática y amistosa. ¿De qué crees que hablan?

3. Cuando Elena vuelve a casa luego de su primer día de clase en la escuela nueva, escribe en su diario. Escribe tú esa página del diario de Elena contando los hechos del día y qué sintió Elena por ellos.

CUANDO YO TENÍA OCHO AÑOS

por Roberto Aguas jr.
(narrado a Diane Hoyt-Goldsmith)

Me llamo Roberto Aguas. Como tengo el mismo nombre que mi papá y mi abuelo, todos me llaman Junior.

Mi hermana y yo nacimos en California y siempre hemos vivido aquí. Pero nuestros padres nacieron en México. Por eso en casa mi familia habla español, y nuestra cultura mexicana es tan importante para nosotros.

Nuestros abuelos viven en México, pero tenemos muchos otros parientes que viven en California. Tías, tíos y primos vienen a visitarnos muchas veces.

Cuando yo tenía ocho años, mis abuelos vinieron a visitarnos por un mes. Viajaron desde un pequeño pueblo de Jalisco, México, donde conocen a todos los vecinos. ¡Tengo recuerdos muy lindos de aquella visita porque aprendí a hacer algo muy interesante y divertido!

Las tortillas siempre han sido una de mis comidas preferidas. Durante aquella visita mi abuela nos enseñó a hacerlas a mi hermana y a mí. Por primera vez en mi vida ayudé y fuimos capaces de preparar tortillas para una fiesta familiar.

Mi abuela usó una especie de harina llamada masa, hecha de maíz molido. La midió con cuidado y después la mezcló con agua, sal, polvo de hornear y manteca. Revolvió todo esto hasta convertirlo en una bola pegajosa.

    Mi abuela nos enseñó a mi hermana y a mí a hacer bolitas y aplastarlas con los dedos. ¡Ahora parecían panquequitos! Quedamos fascinados.

    Luego tuvimos que estirarlas. Para evitar que los panquequitos se pegaran, mi abuela espolvoreó un poco de masa sobre la mesa. Cuando estiraba un panquequito, a medida que éste se hacía más chato, se iba agrandando. Practicamos estirar las tortillas sobre la mesa enharinada hasta que las nuestras quedaran tan chatas y redondas como las de ella. ¡Jugamos a que éramos cocineros de un restaurante mexicano!

 Tuvimos una fiesta familiar con las tortillas que hicimos mi hermana y yo. Las comimos con chiles, frijoles, ajíes rellenos y una salsa hecha con tomates. ¡Estaban deliciosas! Todo el mundo nos felicitó por nuestra comida.

 Mamá siempre pone en la mesa un chile de más para papá. No importa cuánto chile le ponga ella al plato que ha preparado, ¡papá siempre lo quiere más picante! Dice que la comida que hace mamá es mejor que la de cualquier restaurante mexicano.

    Mientras comíamos, mis padres nos contaban acerca de las fiestas que tenían en México cuando eran niños. Les encanta compartir sus recuerdos de las fiestas que hacían en los pueblitos donde se criaron.

    Los niños iban a la plaza del pueblo que estaba iluminada con muchas luces. Iban con sus primos y todos sus parientes. Muchos llevaban acordeón y guitarra, así que muy pronto había música para bailar. La gente ponía carne para el asado en la parrilla, y el olor del mezquite que ardía llenaba el aire de la noche. ¡Esto ciertamente les fomentaba el apetito a todos!

La gente comía, bailaba y conversaba con los vecinos. Todos se divertían muchísimo. Al día siguiente, la plaza del pueblo estaba vacía. Lo único que indicaba que había habido fiesta eran los papeles picados tirados en el suelo.

Generalmente compramos las tortillas en la tienda adonde vamos por las provisiones. Así y todo, mi hermana y yo estamos contentos de haber aprendido a hacerlas en casa. Ahora que nuestros abuelos están otra vez lejos en México, tenemos recuerdos muy lindos de aquellos días felices.

Piénsalo

1. ¿Por qué tiene Junior recuerdos muy lindos de la visita de sus abuelos?

2. ¿Qué siente Junior acerca de su cultura mexicana? ¿Cómo lo sabes?

3. Piensa en una fiesta a que has ido, como un picnic o una reunión familiar. Haz una lista de las cosas que allí viste, oíste y oliste. Escribe un párrafo que describa cómo fue estar allí.

El purpúreo esplendor de la montaña

por Deborah Akers • ilustrado por Lane Dupont

Muchos de los primeros habitantes de Norteamérica viajaban constantemente. Cazaban para alimentarse y eso gobernaba su vida, aunque vivieran en el bosque, el desierto, las montañas o las llanuras.

    Al pie de una gran montaña, que algunos llamaban montañón, había un lugar donde se detenían a descansar muchas tribus. Ofrecía manantiales frescos para beber y manantiales calientes para remojarse. Los que lo visitaban dejaban en los charcos flechas o piedras pidiendo buena suerte en la cacería. Creían que la montaña mantenía la armonía de su mundo.

Cientos de años más tarde, en 1806, un hombre llamado Zebulon Pike estaba explorando las fértiles llanuras y valles de Estados Unidos. Un día vio la montaña desde lejos. Ésta pareció despertar su imaginación y de inmediato decidió escalarla.

Un día de verano, él y su grupo empezaron el viaje creyendo que podrían terminar el ascenso para el anochecer. ¡Descubrieron que les tomó dos penosos días subir sólo una parte! De improviso empezó a nevar, así que decidieron volver, sujetados los unos a los otros para no perderse en la nieve. Pike escribió en su diario: "Nadie podrá jamás subir a esta montaña. ¡Es un lugar horrible!".

A pesar de que nunca llegó a la cima, a Zebulon Pike se le recordó por su descubrimiento. Pike había dado a la montaña el nombre de Gran Pico, pero los cartógrafos la nombraron Pico Pike en su honor. En 1820 un hombre llamado Stephen Long logró llegar a la cima. Cuando miró a su alrededor, vio un lugar de promesas infinitas.

En 1858 en el Pico Pike se descubrió oro. Pronto la gente leía esta noticia en esquinas de la ciudad y en sombreadas glorietas de campo. Por muchas cabezas pasó el mismo pensamiento: "Ese lugar podría darme todo lo que siempre he soñado".

Miles de personas compraron equipo de minería e hicieron el largo y difícil viaje a través de esa tierra salvaje y deshabitada. Pronto las montañas se vieron adornadas por chozas de mineros, y de la noche a la mañana aparecieron poblados provisorios. Por un tiempo la montaña pareció ser un lugar donde los sueños sí podían hacerse realidad. Con la ilusión de encontrar oro, la gente levantaba picos, dinamitaba laderas y exploraba el lecho de los ríos. La vida en las minas era muy dura. Se hicieron ricos sólo unos pocos, pero la mayoría de los demás lo perdieron todo.

Cuando el oro se agotó, los mineros se fueron. Aunque la montaña había quedado con agujeros y grietas, seguía siendo un sitio brillante y hermoso.

Años más tarde otros fueron a la montaña en busca de salud. En esa época una enfermedad llamada tuberculosis, o TBC, les afectaba los pulmones a muchas personas. Algunos decían que el limpio y puro aire de la montaña podía ayudar a sanarles los pulmones a los enfermos de TBC. Algunos incluso se daban un chapuzón en el río cercano a la montaña.

Algunos se mejoraron, y otros no, pero todos coincidían en que la montaña era un lugar maravilloso. Muchos se quedaron y fundaron un pueblo. A menudo los colonizadores que iban hacia el oeste decidían establecerse cerca del Pico Pike, que para muchos, era lo primero que veían de las grandes montañas Rocosas.

A medida que el pueblo crecía, la montaña cambiaba. Un ferrocarril de riel dentado subía a los turistas hasta la cima, y pronto hubo también un camino. Sin embargo, había una cosa que no cambió: la montaña siguió siendo un lugar de esperanzas y de sueños.

En 1893 una mujer llamada Katharine Lee Bates subió a la cima del Pico Pike. Allí arriba hizo algo maravilloso. Al mirar las millas de cielo abierto, su imaginación cobró vuelo. En su diario escribió: "Oh hermosura por vastos cielos…". Sus palabras se convirtieron en *"America the Beautiful"*, canción que tantas personas iban a adorar.

Piénsalo

1. ¿Por qué a tanta gente le fue importante el Pico Pike?

2. ¿Cómo se sintió Pike respecto a la montaña cuando la vio por primera vez?

3. La hermosura de la montaña inspiró a Katharine Lee Bates a escribir una canción. Piensa en un lugar hermoso en que hayas estado o que hayas visto en fotografías. Escribe un poema sobre ese lugar.

Prueba tu destreza

Vocabulario en contexto

A medida que lees, a menudo encuentras palabras nuevas. En muchos casos puedes seguir leyendo y usar otras palabras cercanas para descubrir lo que significa la palabra desconocida. Hacer esto se llama usar **claves de contexto**. El contexto incluye las oraciones e ideas cercanas a la palabra desconocida.

La siguiente tabla muestra cómo podrías usar claves de contexto. Las claves posibles aparecen en color púrpura.

Palabra nueva en contexto	Usar claves de contexto
Un ferrocarril con riel dentado **subía** a los turistas hasta la cima, y pronto hubo también un camino.	Estoy leyendo acerca de una montaña. Si un ferrocarril llevaba a los turistas hasta la cima, *subía* debe de significar "elevaba".

Busca las siguientes palabras en "El purpúreo esplendor de la montaña". Usa claves de contexto para descubrir el significado de cada palabra. Haz una tabla como la de arriba y escribe lo que crees que significa cada palabra. Luego usa un diccionario para verificar tus definiciones.

glorietas—pág 208
adornadas—pág 209
grietas—pág 209

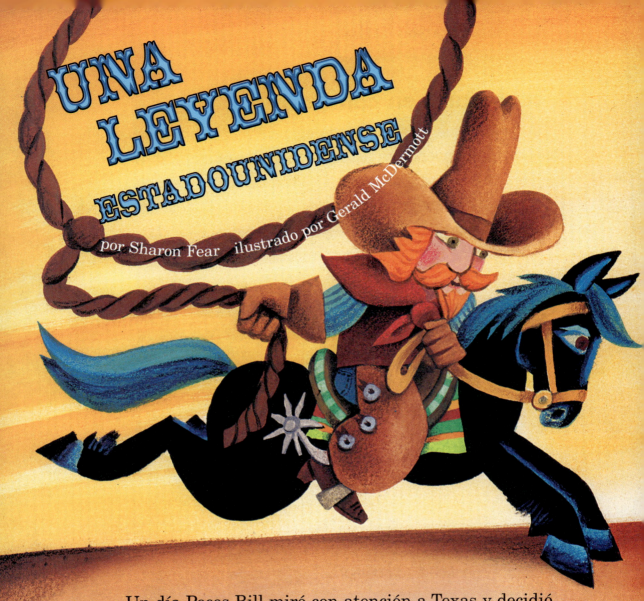

UNA LEYENDA ESTADOUNIDENSE

por Sharon Fear   ilustrado por Gerald McDermott

Un día Pecos Bill miró con atención a Texas y decidió que era hora de irse.

En verdad Texas le había dado mucho desde que era bebito. Cuando cayó despedido del carro de sus padres, ¿no lo habían recogido y criado los coyotes de Texas?

Pero Bill había pagado de vuelta a Texas. ¿No había creado la vida del vaquero, teniendo el primer rodeo e inventando el lazo y otros utensilios?

¿No había domado todos los tornados de Texas montándolos y haciéndolos caer a tierra? Vaya, ¡una manada de sedientos mosquitos gigantes que volaban sin control era casi el único problema que quedaba en Texas! ¡Además de algún día lluvioso!

Ésa era la dificultad. Texas era muy mansa para el espíritu de Pecos Bill, que no estaba domado.

—Me parece que nos iremos hacia el oeste —dijo Bill a su caballo—, y construiremos un rancho nuevo.

Bill fue y sin tropiezos reclamó una tierra poco montañosa llamada Nuevo México, que le pareció que iba a servir para su rancho nuevo. Luego dijo a su caballo:

—Me parece que vamos a necesitar vaqueros.

Bill preguntó por los alrededores, diciendo:

—¡Necesito hombres que sean duros, fuertes, bravos, habilidosos, poco amables y rudos! En otras palabras, ¡vaqueros de verdad!

—Allá arriba, en aquel cañón, donde se ve asomada una nube, hay un grupo salvaje que cumple todos sus requisitos —dijo un anciano.

—Muchas gracias —contestó Bill. Lo saludó con su sombrero vaquero y se alejó cabalgando.

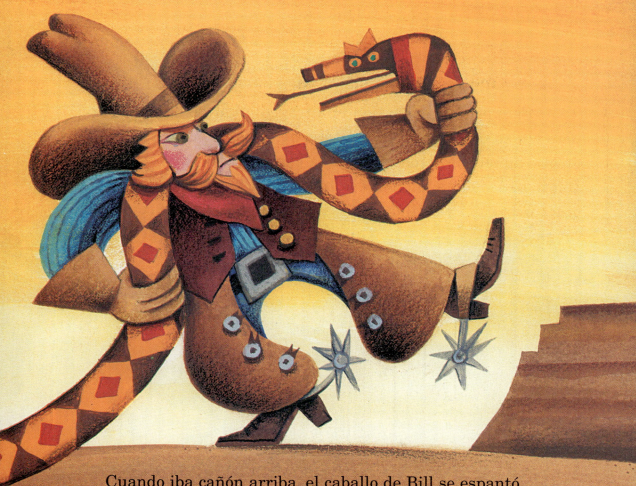

Cuando iba cañón arriba, el caballo de Bill se espantó. Despidió a Bill y la silla de montar y se volvió al establo. ¡En medio del sendero había una serpiente de cascabel imposiblemente enorme!

El bueno de Bill dejó que la serpiente picara primero.
—¡Basta de tonterías. Yo soy Pecos Bill y tú eres ya sándwich de serpiente! —gritó.

Saltó sobre ella, la ató en nudos y se la colgó alrededor del cuello.
—Me hacía falta un látigo nuevo que chasquear —dijo de forma graciosa.

Justo en ese momento, un gato montés imposiblemente enorme saltó sobre Bill y trató de morderle la cabeza. Bill, un poco enojado, saltó gritando —¡Soy Pecos Bill y tú eres sándwich de gato montés!

Esto podría haber sido una tragedia para el animal; pero sin su caballo, Bill necesitaba algo que montar. Antes de que aquel gato montés se diera cuenta de lo que pasaba, Bill le tiró encima la silla y saltó sobre él. Montó ese gato, que corcoveaba y chillaba, hasta que lo volvió manso como un gatito.

—Gracias —dijo Bill—. Eso me gustó mucho.

Bill siguió cabalgando hasta que vio a unos hombres que cocinaban frijoles y preparaban café en el fuego de un campamento. Eran grandes como osos pardos y se veían el doble de malvados. Eso tal vez era porque estaban rodeados de nubes de mosquitos que volaban en círculos a su alrededor. Bill chasqueó su látigo de serpiente de cascabel, y los molestos insectos se largaron de allí.

—Hola, vaqueros —dijo Bill—. Tengo mucha hambre y sed. ¿Qué tal si me dan un poco de esa comida?

Metió la mano en los frijoles que hervían, tomó unos cuantos y se los devoró. Inclinó la cafetera y se tragó el líquido hirviendo.

—Ahora vaqueros —dijo limpiándose el mentón con un cactus espinoso—, ¿quién es el jefe aquí?

Los vaqueros miraron al hombre que montaba un gato montés, chasqueaba un látigo de serpiente de cascabel, se tragaba la comida hirviendo y usaba de servilleta un cactus espinoso. Comprendieron que aquél era un momento muy importante para ellos.

—¡Tú! —le dijeron.

De ahí en adelante, esos hombres le fueron leales como cachorritos a Bill, aún cuando éste los mandaba a ordeñar las vacas. Lo ayudaron a construir un rancho y luego se fueron con él a otro. Así como perduran las leyendas sobre Pecos Bill, también perdura hasta hoy ese rancho.

Se llama Arizona.

Piénsalo

1. ¿Por qué decide el grupo de hombres salvajes trabajar para Pecos Bill?

2. ¿Cómo te parece que se siente la serpiente de cascabel cuando ve a Pecos Bill por primera vez? ¿Cómo crees que se siente cuando él dice: "Me hacía falta un látigo nuevo que chasquear"?

3. Elige una de las cosas que hace Pecos Bill antes de irse de Texas. Escribe tu propio cuento sobre cómo la hace.

Iguales pero diferentes

por Pam Zollman   ilustrado por Winson Trang

—¡Voy a viajar a Vietnam! —dije entusiasmada a mi amiga Yen—. Tienes que hablarme de tu país y sus paisajes. Es tan diferente de Estados Unidos.

Yen sonrió con picardía en los ojos y me dijo:

—Cuando imaginas a Vietnam, ¿piensas en pequeñas aldeas de chozas de bambú? ¿Ves canoas cargadas de frutas y verduras navegando río abajo hacia el pueblo?

Asentí con la cabeza y le contesté:

—También pienso en arrozales, y en mujeres que llevan sombrero de paja con forma de cono, y deshojan malezas.

Un cultivo importante de Vietnam es el arroz. Estas mujeres llevan el tradicional sombrero de bambú.

—En Vietnam todavía es así la vida de campo, pero mi país está creciendo y cambiando. Nuestras ciudades se están pareciendo más y más a las de ustedes —explicó Yen.

—¿Me dices que en realidad no somos tan diferentes? —pregunté.

Yen asintió.

—Los arrozales de Texas, al sur de Houston, son el equivalente de los campos de arroz vietnamitas. Para llevar agua a los campos, los estadounidenses usan un complicado sistema de irrigación pero, aunque diferentes, son iguales.

—*Iguales pero difenentes*—dije, riéndome entre dientes—. ¡Eso siempre me resulta gracioso! Parece imposible.

—Sin embargo es verdad respecto a los campos de arroz —dijo Yen.

—En casa comemos arroz de vez en cuando —dije.

—En Vietnam comemos arroz con casi todas las comidas —contestó Yen—. También tomamos mucha sopa llamada *pho*. —Pronunció esta palabra como *fut* sin la "t"—. Generalmente la tomamos de desayuno.

—¿Sopa de desayuno? —le pregunté, confundida—. No suena muy apetitoso.

—Es increíblemente deliciosa —dijo Yen—. Es caldo de carne con verduras y fideos de arroz.

—La probaré si puedo pronunciar el nombre correctamente —dije—. Suena como la sopa de fideos de Mamá.

—Iguales pero diferentes —dijo otra vez Yen, sonriendo.

Una feria donde los comerciantes venden alimentos y otros artículos.

—En la ciudad de Ho Chi Minh, muchos restaurantes venden *pho* —dijo Yen—. La puedes comprar en mercados al aire libre y puestos callejeros, y la ofrecen también los vendedores ambulantes que pasan por entre la multitud.

—Las calles suenan exactamente como una feria de condado estadounidense —comenté, sabiendo lo que contestaría.

—¡Iguales pero diferentes! —dijimos juntas, riéndonos.

—Ho Chi Minh es más grande que Houston, ¿no? —dije deseosa de aprender más para mi viaje.

—Sí —explicó Yen—, y también más antigua. Verás hoteles, edificios de oficinas y rascacielos nuevos al lado de catedrales y pagodas antiguas.

—¿También ustedes tienen problemas de tránsito? —pregunté—. ¿Están las calles atestadas de coches y de camiones como aquí?

—¡De todo menos de canoas! —asintió Yen—. Pero la mayoría de la gente anda en bicicleta y en motocicleta, así que súmales miles de ellas con sus fuertes timbres. Las calles son realmente ruidosas. ¡No te puedes imaginar el alboroto!

—¿Puede ser peor que el alboroto de la hora pico en Houston? ¿Está tan deshabitada como mi ciudad? —pregunté con una chispa de picardía.

—Tienes razón —contestó Yen, riendo—, ¡iguales pero diferentes!

Hora pico en Ho Chi Minh. Bicicletas y motocicletas son los medios de transporte más populares. La bicicleta de la derecha es una especie de taxi llamado cyclo.

—Estoy ansiosa de preparar las valijas —dije—, pero no estoy segura de qué llevar. Voy a tener que hacer y deshacer las valijas varias veces.

—En la ciudad verás mucha gente con pantalones vaqueros y camisa, como los estadounidenses —dijo Yen—. Pero los pantalones cortos no se consideran propios para las mujeres y las niñas, así que lleva unos vestidos livianos.

—Me siento un poco abrumada —confesé—. ¡Ojalá pudieras viajar conmigo de intérprete!

—Te podría ayudar a pronunciar correctamente las palabras para que la gente no se ría de ti a carcajadas —bromeó Yen.

Sonreí. Sabía que la gente que conocería en Vietnam sería amistosa. Para mí podría ser nueva la cultura, ¿pero los niños? ¡Iguales pero diferentes!

Piénsalo

1. ¿Por qué es "Iguales pero diferentes" un título bueno para esta selección?

2. ¿Cómo crees que se siente Yen respecto a Vietnam? Explica tu respuesta.

3. La narradora vuelve de Vietnam y conversa otra vez con Yen. Escribe la conversación entre las dos.

Prueba tu destreza

Fuentes gráficas

"Iguales pero diferentes" tiene ilustraciones que muestran cómo es la vida en Vietnam. Las leyendas explican algo más de cada ilustración.

A veces es útil mostrar información con algo más que palabras. Estos recursos de información se llaman **fuentes gráficas**, o sólo **gráficas**. Incluyen cosas como gráficas, tablas, diagramas y líneas cronológicas.

Mira las dos gráficas siguientes. Piensa en la clase de información que da cada una.

A.

B.

Cómo van a la escuela los niños de 4to grado			
Autobús	Coche compartido	Bicicleta	Caminando
10	3	6	7

Elige el diagrama o el cuadro de más arriba. Escribe un párrafo que hable de la información que da la gráfica. ¿Te parece que el párrafo basta por sí solo? ¿De qué manera ayuda la gráfica?

LOS CAZAINSECTOS

por Robert Newell
ilustrado por Doug Bowles

MURCIÉLAGO MARRÓN

¡Murciélago marrón es mi nombre y cazar insectos es mi juego! Vengan conmigo y véanme en acción.

Mis lugares preferidos para cazar son los pantanos. Cuanto más barro tienen mejores son porque donde el agua sube a la superficie a través del barro es donde encuentro más mosquitos. Ahora mismo me voy hacia un pantano. Ese es uno de mis recorridos. La noche está oscura y sin luna, pero eso no me detendrá.

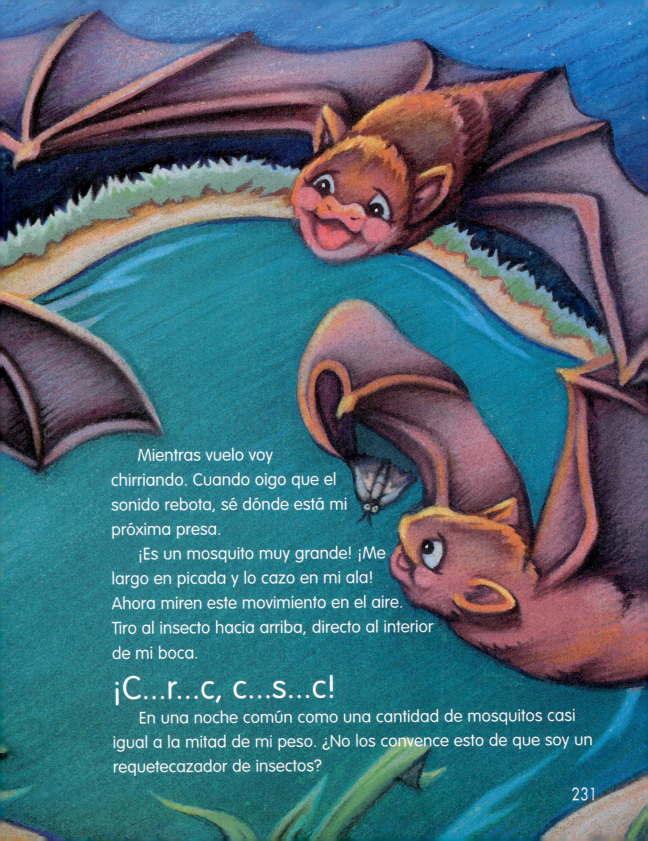

Mientras vuelo voy chirriando. Cuando oigo que el sonido rebota, sé dónde está mi próxima presa.

¡Es un mosquito muy grande! ¡Me largo en picada y lo cazo en mi ala! Ahora miren este movimiento en el aire. Tiro al insecto hacia arriba, directo al interior de mi boca.

¡C...r...c, c...s...c!

En una noche común como una cantidad de mosquitos casi igual a la mitad de mi peso. ¿No los convence esto de que soy un requetecazador de insectos?

ARAÑAS BOLEADORAS

También las arañas son cazadoras de insectos. Las arañas comunes usan telarañas, pero yo no. Yo uso un método distinto.

Primero me subo a una rama cerca del cobertizo, donde están bien visibles fertilizantes e insecticidas. Luego dejo salir de mis hileras un húmedo hilo sedoso. En un extremo le agrego una bolita pegajosa para hacer unas boleadoras parecidas a las que usan los gauchos en Sudamérica. Luego me pongo en mi lugar.

Lo que hago después pide gran habilidad y concentración. No veo bien, pero siento cuándo pasan volando las polillas. No tienen ni idea de que yo estoy allí. Cuando se acerca una, rápidamente lanzo mis boleadoras en su dirección. ¡Si fallo la primera vez, relanzo las boleadoras!

¡Atrapé una!

La polilla está recubierta en el hilo de mis boleadoras. Cuando tiro del hilo, ¡es hora de comer!

A veces envuelvo a mi presa en seda y la dejo colgada para comerla más tarde. Estos rollitos son muy convenientes para los días en que, por accidente, no doy al blanco con las boleadoras. Me gusta recontar los rollitos. Lo único que tengo que hacer es inyectar en el rollito un poco de mi líquido para disolver insectos. Entonces me bebo una cena deliciosa.

MAMBORETÁ

¿Por qué volar de un lado a otro toda la noche o luchar con hilo enredado y pegajoso? Yo cazo insectos quedándome quieto y dejando que ellos vengan a mí.

Primero tengo que decidir dónde esperar. Hoy me pongo sobre una ramita cerca de la tierra.

Me quedo inmóvil, requieto como una piedra. Tengo cinco ojos, y mi buena visión me permite observar a las presas. ¡Las pobres tienen poca protección contra mí!

¡Aquí viene un escarabajo!

Espero y requetespero. Cuando el escarabajo está bien cerca, me echo sobre él. Cada una de mis patas delanteras se cierra de golpe como una trampa de acero. La reacción del escarabajo es patalear y menearse, pero le es inútil luchar. No puede recobrar su libertad. Me niego a soltar mi cena.

Me comeré el escarabajo, pero seguiré hambriento. Siempre estoy hambriento. Por suerte, el número de escarabajos no ha disminuido, así que siempre habrá más escarabajos.

OTROS CAZAINSECTOS

Yo también cazo insectos, pero no pienso comerme ninguno. ¡Nada de hormigas recubiertas de chocolate para mí, gracias! Sólo observo a los insectos en su ambiente y luego dejo que se vayan.

El oso hormiguero sorbe hormigas. Los peces y las ranas tragan moscas. Para no morirse de hambre, los zorros, cuando no les queda otro recurso, comen larvas. Todas estas criaturas carnívoras ayudan a mantener baja la población de insectos, y estoy convencida de que eso es requetebueno. Después de todo, ¿cuántos mosquitos y moscas quieres tener en el patio?

¡Gracias, cazainsectos!

Piénsalo

1. ¿Cómo cazan insectos el murciélago marrón, la araña boleadora y el mamboretá?

2. ¿Cómo se siente la niña que caza insectos respecto a los animales que cazan insectos? ¿Cómo lo sabes?

3. Imagina que eres un mosquito. Escribe sobre lo que sientes cuando ves volar hacia ti a un murciélago. ¿Qué haces? ¿Qué pasa al final?

Niños de las Fuerzas Aéreas

por Sal Ortega   ilustrado por Tom Foty

Querido Pablo:

Hoy la maestra interrumpió la clase para compartir tu carta con nosotros. Le gustó tu idea de escribirnos para investigar cómo será tu nuevo ambiente. Yo me ofrecí para contestarte. ¡Nosotros, los niños de las Fuerzas Aéreas, debemos ayudarnos los unos a los otros!

Nos sentimos felices de pensar que te vamos a recibir en nuestra clase dentro de tres meses. Hasta entonces puedes preguntarme sobre España y nuestra base. Es un lugar lindo, te gustará.

¿Cómo es Alaska? Ningún niño del 4to grado ha estado destinado en Alaska. Tenemos curiosidad por saber cosas de ese estado.

Tu futuro compañero de clase,

Ricardo Ramos

Querido Pablo:

¡Alaska suena divertido! Quisiera ver un alce algún día. Me han dicho que hay unos alces pequeños que les llaman alcitos. Te aseguro que me acordaría de andar cerca de ellos con mucho cuidado. Parece que el que te encontraste tú no estaba acostumbrado a las personas. Creo que elegiré a Alaska para el proyecto de investigación de estudios sociales.

Muchas veces voy a una aldea cercana donde veo cabritas, ovejitas y gallinitas. Los animales más interesantes están arriba, en los cerros. Si quieres saber de ellos, podemos ir a explorar juntos. ¿Te preguntas cómo será vivir donde la mayoría de la gente habla español?

Tu amigo nuevo,

Ricardo

Querido Pablo:

    Me encantará ayudarte con el español para que puedas descifrar lo que te digan aquí. Me sorprende que nunca hayas estado fuera de Estados Unidos. Yo nunca he estado en Estados Unidos. Nací en una base en Alemania. Cuando tenía cuatro años nos mandaron a Turquía y luego nos trasladaron aquí cuando tenía siete. ¡Eso me hace un estadounidense que no ha estado nunca en Estados Unidos! Me imagino que nos mandarán allí algún día.

    Gracias por las fotitos de tu escuela. El estilo de tu salón de clase y del corredor es muy parecido al de la escuela nuestra. Quizás todas las escuelas de las Fuerzas Aéreas sean iguales.

    Tu compañero de las Fuerzas Aéreas,

Ricardo

Querido Pablo:

¡Me gustó tu foto en medio del esplendor del paisaje de invierno de Alaska! Me llaman la atención tus raquetas de nieve. ¿No es difícil caminar con ellas? ¡A mí el ambiente ártico me parece divertido! Aquí el invierno es frío, pero no es nada comparado con el de ustedes. El año pasado la nieve interrumpió las clases un día, lo cual fue una gran alegría.

Hoy tuvimos un partidillo de fútbol contra el 5to grado. Peleamos acerca del último gol. Tuvimos que llegar a un acuerdo y dar por empatado el partido. ¿Tú juegas al fútbol? ¡No nos vendría mal un poco de ayuda!

Tu compañero de fútbol,

Ricardo

Querido Pablo:

    Tengo una noticia buena y una noticia mala. La noticia buena es que es posible que a mamá y a mí nos destinen a Estados Unidos. ¡Me podría convertir en californiano! Estoy contento, pero todavía no quiero entusiasmarme mucho. Tal vez no pase nunca.

    La noticia mala es que quizás nos vayamos antes de que llegues. A los niños de las Fuerzas Aéreas nos interrumpen los planes muy seguido. Tal vez mamá pueda llegar a un acuerdo con su jefe para que nos quedemos al menos hasta que llegues. ¡Quiero conocerte personalmente!

    Con incertidumbre,

Ricardo

Querido Pablo:

¡Ha sucedido algo fantástico! Nuestro traslado a California se postergó por un año. Estoy tan contento porque así voy a conocerte personalmente. Tendremos un año entero para hacer cosas juntos.

¿Así que tú eres californiano? ¿En qué base de allí naciste? Esto es maravilloso, puedes contarme acerca de California antes de que me mude allí.

Ser niño de las Fuerzas Aéreas tiene sus ventajas. Vienes a España en un momento excelente. Nuestra selección nacional de fútbol jugará en nuestro estadio. ¡Podemos ir juntos, y verás por qué el fútbol es tan popular!

Con entusiasmo,

Ricardo

Querido Pablo:

Sí, tendrás que enseñarme más sobre el béisbol. Sé que es muy popular en California.

¡Estoy entusiasmado porque llegas la semana próxima! También lo están los niños de la clase. Gracias a tus cartitas, nos parece conocerte. Al final verás mi proyecto de investigación sobre Alaska.

Tienes un largo viaje por delante, ¡pero los niños de las Fuerzas Aéreas estamos acostumbrados a eso!

Llámame cuando llegues a la base y te llevo a recorrer el vecindario en toda su extensión.

Nos vemos pronto,

Ricardo

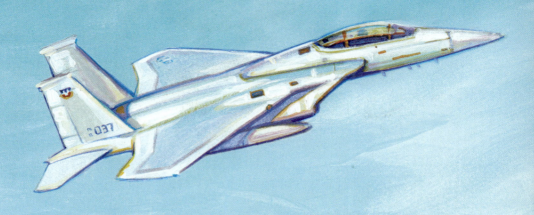

Piénsalo

1. ¿Por qué quiere Ricardo quedarse en España hasta que llegue Pablo?

2. ¿Cómo crees que se sentirá Pablo el primer día de clase en España? ¿Por qué?

3. Después de que Ricardo se muda a California, Pablo le escribe desde España. Escribe la carta que le envía Pablo.